Eine Ausgabe für Mitglieder im Buchclub des Syndikats vorgelegt von der Syndikat Buchgesellschaft für Wissenschaft und Literatur GmbH & Co. Verlagsgesellschaft KG

Syndikat

Antonin Artaud

Heliogabal
oder
Der Anarchist auf dem Thron

Aus dem Französischen von
Brigitte Weidmann

Nachwort Frieda Grafe

Rogner & Bernhard

2. Auflage

Satz und Druck Poeschel & Schulz-Schomburgk, Eschwege
Bindearbeiten von Klemme & Bleimund, Bielefeld
Printed in Germany, 1978
ISBN 3 8077 0097 8

Ich widme dieses Buch den Manen des Apollonios von Tyana, der ein Zeitgenosse Christi war, sowie den etwa noch verbliebenen wahrhaft Erleuchteten auf dieser hinfälligen Welt;

Und um seine völlige Unzeitgemäßheit, seinen Spiritualismus und seine Nutzlosigkeit darzutun, widme ich es, was diese Welt betrifft, der Anarchie und dem Krieg;

Ich widme es auch den Ahnen, den Heroen im antiken Sinne und den Manen der großen Toten.

I

DIE SPERMAWIEGE

Pulsiert um den Leichnam Heliogabals, der ohne Grab endete, abgeschlachtet von seiner Polizei in den Latrinen seines Palastes, ein mächtiger Strom von Blut und Exkrementen, so pulsiert um seine Wiege ein mächtiger Strom von Sperma. Heliogabal wird in einer Zeit geboren, wo jeder mit jedem schlief; und man wird nie erfahren, wo und von wem seine Mutter wirklich geschwängert worden ist. Für ihn als syrischen Fürsten gibt die Abkunft mütterlicherseits den Ausschlag; – was aber die Mütter angeht, schart sich um diesen neugeborenen Fuhrmannssohn ein Siebengestirn von Julien; – und alle diese Julien, ob sie regieren oder nicht, sind hochgestellte Dirnen.
Der Stammvater dieser weiblichen Quelle, dieser Flut von Schamlosigkeiten und Niedertracht mußte, bevor er Priester wurde, Fuhrmann gewesen sein, denn sonst wäre die Versessenheit, mit der sich Heliogabal als Herrscher von Fuhrleuten sodomisieren ließ, ganz unerklärlich.
Jedenfalls stößt die Geschichtsschreibung, die Heliogabals Abstammung über die weibliche Linie zurückverfolgt, unweigerlich auf diesen vertrottelten, nackten Schädel, auf dieses Fuhrwerk und diesen Bart, die in unserer Erinnerung zur Erscheinung des alten Bassianus gehören.

Daß diese Mumie einem Kult dient, spricht nicht gegen den Kult, wohl aber gegen die stumpfsinnigen, leeren Riten, auf welche die Zeitgenossen der Julien und des Bassianus sowie das Syrien zur Zeit von Heliogabals Geburt diesen Kult schließlich beschränkt hatten.

Doch man wird erleben, wie dieser tote, auf ein Gerippe von Gesten beschränkte Kult, dem sich Bassianus weihte, mit dem Auftauchen des jungen Heliogabal auf den Stufen des Tempels von Emesa unter mancherlei Glaubensformen und Entstellungen seine Energie konzentrierten Goldes, hallenden, verwandelten Lichtes, zurückgewinnt und aufs neue wunderbar wirksam wird.

Jedenfalls stützt sich dieser Ahn Bassianus wie auf Krücken auf ein Bett und macht mit irgendeiner Frau zwei Töchter, Julia Domna und Julia Moesa. Er macht sie, und zwar prächtig. Sie sind schön. Schön und fertig für ihr doppeltes Gewerbe als Kaiserinnen und Nutten.

Mit wem hat er diese Töchter gemacht? Die Geschichte kann darüber bis zur Stunde nichts berichten. Geben wir also zu, besessen wie wir sind von den vier Medaillenköpfen der Julia Domna, Julia Moesa, Julia Soemia und Julia Mammoea, daß es keine Rolle spielt. Wenn nämlich Bassianus zwei Töchter macht, Julia Domna und Julia Moesa, so setzt Julia Moesa ihrerseits zwei Töchter in die Welt: Julia Soemia und Julia Mammoea. Und Julia Soemia, die mit Sextus Varius Marcellus verheiratet, doch zweifellos von Caracalla oder Geta (Söhnen der Julia Domna, ihrer Tante) oder von Gessius Marcianus, ihrem Schwager, dem Gatten der Julia Mammoea, oder vielleicht von Septimius Severus, ihrem Oheim mütterlicherseits, geschwängert worden ist, gebiert Varius Avitus Bassianus, später Elagabalus oder Sohn der Gipfel, Pseudantoninus, Sardanapal und schließlich Heliogabal zubenannt, ein Name, der offenbar die glückliche grammatikalische Kontamination der ältesten Bezeichnungen für die Sonne ist.

Da wäre also in Emesa am Orontes dieser vertrottelte Bonze mit seinen beiden Töchtern Julia Domna und Julia Moesa. – Es sind bereits zwei berüchtigte Weibsstücke, diese beiden Töchter, die von einer in ein männliches Geschlecht auslaufenden Krücke in die Welt gesetzt worden sind. Obwohl ganz und gar aus Sperma gemacht, und zwar an der alleräußersten Stelle, die der Vatermörder bei seinen Ejakulationen gerade noch erreicht, – ich sage der Vatermörder, und man wird sogleich sehen, weshalb, – sind sie beide kräftig und massiv, massiv, das besagt, mit Blut und Knochen unter der Haut und jener gewissen aschfahlen Substanz, die durch die Hautfarbe durchschlägt. Die eine groß, bleiweiß gepudert, das saturnische Zeichen auf der Stirn,

Julia Domna, wie eine Statue der Ungerechtigkeit, der erdrückenden Ungerechtigkeit des Schicksals; – die andere klein, mager, feurig, explosiv, wild und auch noch gelb wie ein Leberleiden. Erstere, Julia Domna, ist Geschlecht, das Verstand gehabt haben soll, und letztere Verstand, der auch über Geschlecht verfügt.

Ums Jahr herum, da diese Geschichte anhebt, im neunhundertsechzigsten Jahre des Debakels von Latium und der eigenen Entwicklung dieses Volkes von Sklaven, Händlern und Piraten, das sich wie Filzläuse ins Land der Etrusker eingenistet und vom geistigen Standpunkt aus stets nur den andern das Blut ausgesaugt, stets nur an die Verteidigung seiner mit moralischen Geboten verbrämten Schätze und Truhen gedacht hat, um dieses Jahr 960 herum, das dem Jahr 179 der Herrschaft Jesu Christi entspricht, mochte Julia Domna, die Ahnin, achtzehn Jahre alt sein und ihre Schwester dreizehn; sie waren also, wie erwähnt werden muß, im nahezu heiratsfähigen Alter. Aber Domna glich einem Mondstein und Moesa zerriebenem Schwefel im Sonnenlicht. Ich würde nicht die Hand dafür ins Feuer legen, daß die beiden noch Jungfrauen waren; was das betrifft, muß man ihre Männer befragen, nämlich Septimius Severus im Falle des Mondsteins und Julius Barbakus Mercurius im Falle des Schwefels.

Geographisch bestand noch immer jener Saum des Barbarischen um das sogenannte römische Reich herum, in welches man bei einer historischen Betrachtung Griechenland, das die Vorstellung des Barbarischen erfunden hat, einbeziehen muß. Und darin sind wir Abendländer die würdigen Söhne dieser törichten Mutter, daß wir uns selber, dem Ausmaß unserer universalen Ignoranz entsprechend, für zivilisiert und alles übrige für barbarisch halten.
Indes sei betont, daß alle Vorstellungen, die die römisch-griechische Welt davor bewahrt haben, in blinde Bestialität zu verfallen und unverzüglich zugrundezugehen, gerade von diesem barbarischen Saum herkommen und daß wir es dem Orient, der weder seine Krankheiten noch sein Elend eingeschleppt hat, verdanken, wenn die Verbindung zur Überlieferung erhalten geblieben ist. Prinzipien findet man nicht, erfindet man nicht; sie werden erhalten und überliefert; und es gehört zu den schwierigsten Prozessen auf dieser Welt, sich den klaren, doch zugleich im Organismus gelösten Begriff eines universalen Prinzips zu erhalten.
Dies um zu zeigen, daß der Orient vom metaphysischen Standpunkt aus stets in einem Zustand beruhigender Gärung gewesen ist, daß ihn am Verfall der Dinge keine Schuld trifft und daß, wenn sein Chagrinleder der Prinzipien ernstlich schrumpft, das Gesicht der Welt

gleichfalls schrumpft und alles seinem Untergang entgegengeht; und dieser Tag scheint mir nicht fern.

Umringt von dieser metaphysischen Barbarei, dieser sexuellen Ausschweifung, die selbst im Blut beharrlich den Namen Gottes wiederaufzuspüren sucht, sind Julia Domna und Julia Moesa geboren worden. Sie entstammen dem rituellen Sperma eines Vatermörders, des Bassianus, den ich mir immer nur als Mumie vorstellen kann.

Dieser Vatermörder hat seinen Schwanz ins enge Königreich Emesa gerammt, das ursprünglich kein Königreich, sondern ein Priesterstaat war; – und all das, Königreich, Priesterstaat, die Priester samt dem Priesterkönig an der Spitze behaupten, ihr Blut sei mit einer aschfahlen Substanz versetzt, sie beständen aus Gold und stammten in gerader Linie von der Sonne ab.

Nun konnte eines Tages dieser Priesterstaat, der mit Geboten hantierte und Prinzipien herunterleierte, wie man auf gut Glück und vollkommen ahnungslos mit Stecknadeln oder Blasebälgen hantiert, dieser Priesterstaat, der ja vielleicht Göttliches barg, aber vergessen hatte, wo es abgeblieben war, in dem das Göttliche aufgerieben, zu nichts zusammengeschrumpft war wie das kleine Königreich Emesa zwischen dem Libanon, Palästina, Kappadozien, Zypern, Arabien und Babylonien, oder aufgerieben wie das Sonnengeflecht in unseren abendländischen Organismen, nun konnte dieser Kuhpriesterstaat Emesa – Kuh, das bedeutet Frau, und Frau, das bedeutet feige, nachgiebig, geschlagen und versklavt –, der sein sichtbares Königtum nicht mit der Faust zu erobern vermocht hätte, sich hingegen in einer Atmosphäre der Leichtfertigkeit und Anarchie wohlfühlte, aus dem Zerfall des Königreiches der Seleukiden, der hundertsechzig Jahre später dem Zerfall des Reiches Alexander des Großen folgt, Nutzen ziehen und sich unabhängig erklären.

Von der Mutter auf den Sohn vererben die Priester von Emesa, die seit mehr als tausend Jahren aus dem Geschlecht der Samsigeramiden hervorgehen, das Königreich und das Blut der Sonne. Von der Mutter auf den Sohn, weil in Syrien die Abkunft mütterlicherseits den Ausschlag gibt: die Mutter dient als Vater, ist mit den gesellschaftlichen Attributen des Vaters ausgestattet und wird selbst hinsichtlich der Zeugung als der vorrangige Erzeuger betrachtet. Ich sage ausdrücklich, als der VORRANGIGE ERZEUGER.

Das heißt, daß die Mutter Vater ist, daß es die Mutter ist, die Vater ist, und daß das Weibliche das Männliche hervorbringt. Das sollte in Beziehung gesetzt werden zu der Tatsache, daß der Mond männlichen Geschlechtes ist und diejenigen, die ihn anbeten, davor bewahrt, Hörner aufgesetzt zu bekommen.

Jedenfalls vererbt in Syrien, und insbesondere bei den Samsigeramiden, die Tochter das Priesteramt, während der Sohn nichts vererbt. Doch um auf die Bassianiden zurückzukommen, deren berühmtester Heliogabal und deren Stammvater Bassianus ist, so klafft zwischen dem Geschlecht der Bassianiden und demjenigen der Samsigeramiden eine schreckliche Lücke; und diese Lücke ist durch eine Usurpation, durch ein Verbrechen gekennzeichnet, welches die Nachkommenschaft der Sonne in andere Bahnen lenkt, ohne sie auszulöschen.

Da nun bei den Samsigeramiden die Mutter Vater ist, müßte Bassianus, damit ihn ein römischer Geschichtsschreiber »Vatermörder« nennen konnte, seine Mutter getötet haben; doch weil man nicht einer Frau, sondern einem Mann im Amte folgt und die Frau zwar das Priesteramt vererbt, der Mann indes mit seiner Wahrung betraut ist, bin ich der Meinung, daß Bassianus denjenigen getötet haben muß, der dieses Amt innehatte, daß er seinen leiblichen Vater getötet hat, seinen Vater *kraft* der Natur und *in* der Gesellschaft. – Er war also männlichen Blutes; er stand auf der männlichen Seite des Sonnenblutes, doch die Tatsache, daß er einmal mehr die Überlegenheit des Männlichen über das Weibliche und des Mannes über die Frau wiederherstellte, scheint die Sache kaum beigelegt zu haben, da gerade mit ihm das Debakel einsetzt und die

Geschichte kaum ein vollständigeres Arsenal von Verbrechen, Schandtaten und Grausamkeiten aufzuweisen hat als dasjenige dieser Familie, deren Männer sich alle Boshaftigkeit und Schwäche und deren Frauen sich die Männlichkeit angeeignet haben. Man kann also sagen, daß Heliogabal von Frauen gemacht wurde, daß sein Denken durch den Willen zweier Frauen gefiltert worden ist; und es ist ja bekannt, was dabei herausgekommen ist, als er aus eigener Kraft hat denken wollen, als sein durch die Energie seiner Frauen, seiner Mütter, die alle mit ihm geschlafen haben, angestachelter männlicher Stolz sich hat Ausdruck verschaffen wollen.
Ich beurteile dieses Ergebnis nicht, wie ein Historiker es vielleicht beurteilt; diese Anarchie, diese Ausschweifung gefällt mir. Sie gefällt mir vom historischen und von Heliogabals Standpunkt aus; doch zur Zeit, wo ich seine Geschichte aufnehme, ist Heliogabal noch nicht geboren.
Die Könige von Emesa, diese kleinen weibischen Könige, die Mann und Frau zugleich sein wollen – wie der Megabyzos des Tempels zu Ephesos, der sich als Mann die Rute abbindet, um als Frau zu opfern, doch zum liegenden Opferstein wird, vor welchem er aufrecht opfert –, haben seit langem ihre Freiheit wieder Roms Botmäßigkeit unterstellt. Vom alten Königreich Emath bleibt nur noch dieser düstere, geräumige Tempel. Es ist Sache der

römischen Haudegen, den Handel, den Krieg und den materiellen Schutz der Güter zu regeln. Im übrigen denkt jeder Syrer, was er will, und die Sonnenreligion ist immer noch da und dort mit Huldigungen an den Mond verbrämt, wobei Mondsteine, Fische, Widder und Wildschweine untergemischt werden. Ferner gelegentlich Stiere, Adler und Sperber, doch von Hähnen keine Spur! Nein, der Hahn scheint bei diesen Riten keine bevorzugte Stellung eingenommen zu haben.

Der Tempel des Elagabalus in Emesa ist seit Jahrhunderten Mittelpunkt krampfartiger Versuche, die Gefräßigkeit eines Gottes auszuloten. Dieser Gott, Elagabalus oder *Der dem Berg Entstammende*, *Der strahlende Gipfel*, kommt weither. Und vielleicht nennt er sich in der alten phönizischen Kosmogonie *Das Verlangen*; – und dieses Verlangen ist, wie Elagabalus selbst, nicht einfach, da es aus der langsamen, vielfachen Vermischung der Prinzipien hervorgeht, die tief im Atem des Chaos erstrahlten. Von allen diesen Prinzipien ist die Sonne nur die reduzierte Erscheinung, ein lediglich für ermüdete und gefallene Anbeter tauglicher Aspekt.
Der Atem, der im Chaos war, verliebte sich nämlich in seine Prinzipien, und aus dieser Vorwärtsbewegung, aus dieser Art Idee, die die Finsternis tilgt, ist ein bewußtes Verlangen entstanden. – Und es gibt in der Sonne

selbst lebendige Quellen, die Idee eines verwandelten und vollkommen getilgten Chaos. Im menschlichen Körper nun wird die Wirklichkeit dieses Atems nicht etwa durch die Atmung der Lungen vertreten, welche in bezug auf diesen Atem dasselbe darstellt wie die Sonne in ihrem physikalischen Aspekt in bezug auf das Prinzip der Fortpflanzung, sondern durch jenen gewissen schillernden, undurchschaubaren Lebenshunger, der mit seinen Entladungen die Nerven durchzuckt und mit den geistigen Prinzipien des Kopfes in Streit gerät. Und diese Prinzipien laden ihrerseits den Atem der Lungen wieder auf und teilen ihm alle ihre Kräfte mit. Niemand wird bestreiten können, daß die Lungen, die das Leben erneuern, einem Atem gehorchen, der vom Kopf ausgeht. Und der Kopf des Elagabalus, des Gottes von Emesa, ist von jeher rege gewesen.

Doch im Jahre 179, als Septimius Severus in Syrien das Kommando der vierten skythischen Legion übernimmt, bleibt von der durch Sanchoniaton verbreiteten alten phönizischen Kosmogonie nur noch ein schwarzer, vom Himmel gefallener Stein übrig: jener Monolith, jener zugespitzte Gesteinsbrocken, zu dessen Wächter sich Bassianus aufgeworfen hat, der aber eigentlich unter der Obhut seiner Töchter Julia Domna und Julia Moesa, dieser beiden wollüstigen Syrerinnen, steht.

Septimius Severus ist schon alt und müde; der Wüstensand hat ihm langezeit die Sohlen versengt und die hürnenen Fersen benagt. Er hat zwei oder drei Ehen hinter sich; doch kaum ist er eingetroffen, beschließt er zu heiraten und sieht deshalb die Zivilstandsregister ein.

In diesen Registern findet er die Luna, das heißt den Mondstein, nämlich Julia Domna. Nun bedeutet Domna Diana, Artemis, Ischtar und auch Proserpina, die dunkle weibliche Kraft. Das Dunkle im dritten Erdbereich. Die im Orkus fleischgewordene Frau, die nie mehr über den Orkus hinausgelangt.

Doch Julia Domna hat ein Horoskop, das ihr bestimmt, dereinst die Gemahlin eines Kaisers zu werden; und er beschließt, Julia Domna wegen ihres Horoskopes zu heiraten. Nun spielen der Mondstein, Julia Domna, das Horoskop und die hydromantischen Orakel, vor welchen die Horoskope der Kaiser gestellt werden, all das spielt nun zusammen. Ich will damit zum Ausdruck bringen, daß in Syrien die Erde lebt, daß es lebendige Steine gibt und daß Julia Domna sich mit allem verschworen hat.

Es gibt schwarze, wie eine männliche Rute geformte Steine, in deren Unterseite ein weibliches Geschlecht eingeritzt ist. Und diese Steine sind Rückenwirbel in kostbaren Winkeln der Erde. Und der schwarze Stein von Emesa ist der allergrößte Wirbel, der reinste und vollkommenste.

Doch es gibt Steine, die leben, wie Pflanzen oder Tiere leben und wie, wenn man so will, auch die Sonne mit ihren sich verschiebenden, sich blähenden und zusammenschrumpfenden Flecken, die einander besabbern und besabbern und sich wieder verschieben, – wobei dieses Aufblähen und Zusammenschrumpfen rhythmisch und von innen her vor sich geht, – wie auch die Sonne lebt. Die Flecken wuchern in ihr wie ein Krebs, wie schwärende Pestbeulen. Sie enthalten zu Staub zermahlene Materie, die Klumpen bildet – eine Art zerbrochene Sonnensplitter, die jedoch schwarz sind. Zu Staub zermahlen, nehmen sie weniger Platz ein, es ist aber die nämliche Sonne und derselbe Sonnenumfang, dieselbe Sonnenmenge, wenn auch stellenweise erloschen, die nun an Diamant oder Kohle erinnert. Und all das lebt; und man kann sagen, daß Steine MANCHMAL leben; und Syriens Steine, Wunder der Natur, leben, denn es sind Steine, die der Himmel herabgeschleudert hat.
Und es gibt viele Wunder und Merkwürdigkeiten der Natur auf Syriens vulkanischem Boden. Auf diesem Boden, der scheinbar über und über mit Bimssteinen bedeckt ist, wo aber die vom Himmel gefallenen Steine ihr eigenes Leben führen und sich mit dem Bimsstein nicht gemein machen. Und es gibt wunderliche Sagen von Syriens Steinen:
Als Beleg folgender Text des Photios, eines byzantinischen Geschichtsschreibers zur Zeit

des Septimius Severus:
»Severus war Römer und dem Gesetz zufolge Vater der Römer; er berichtet selbst, er habe einen Stein gesehen, auf welchem man die verschiedenen Gestalten des Mondes erkennen konnte, der alle möglichen Erscheinungsformen annahm, bald diese, bald jene, und je nach dem Stand der Sonne größer oder kleiner wurde; auch die Sonne war ihm aufgeprägt.« Dabei sei erwähnt, daß dieser Text des Photios kein originales Werk, sondern der Abklatsch eines verlorengegangenen Buches ist, das offenbar, wie man anhand der zahlreichen Schriftsteller, die darauf Bezug nehmen, schließen kann, für die Alten eine wahre Bibel des Wunderbaren dargestellt hat: das *Leben des Isidoros* von Damaskios.

Doch die erregendste Form der syrischen Steine haben die Betyle, die schwarzen Betyle oder Steine des Bel. Der schwarze Konus von Emesa ist ein Betyl, der sein Feuer bewahrt hat, ja fast wieder ausstrahlt, denn die Betyle sind aus dem Feuer hervorgegangen. Sie ähneln verkohlten Funken des himmlischen Feuers. Bei der Ergründung ihrer Geschichte kommt man auf die Entstehung der erschaffenen Welt zurück:
»Ich sah«, sagt wiederum Severus, »einen Betyl, der sich durch die Luft bewegt hatte; bald wurde er in Decken eingewickelt, bald trug ihn ein Diener in den Händen umher; der

Diener, der den Betyl hütete, hieß Eusebios; er sagte mir, er habe plötzlich ganz grundlos den heftigen Wunsch verspürt, die Stadt Emesa kurz vor Mitternacht zu verlassen und in die Ferne zu wandern, jenem Berg entgegen, an dessen Fuß der alte, herrliche Tempel der Athene lag; nicht lange, und er habe ihn erreicht und sich niedergelassen, um sich auszuruhen von seinem ermüdenden Weg, und an der nämlichen Stelle habe er eine Feuerkugel gesehen, die mit großer Geschwindigkeit vom Himmel gefallen sei, und einen gewaltigen Löwen, der neben der Feuerkugel stand; der Löwe sei im Nu verschwunden, er aber sei auf die bereits erloschene Feuerkugel zugerannt und habe sie aufgehoben; es sei dieser Betyl gewesen, und er habe ihn fortgetragen und dabei gefragt, welchem Gott er zu eigen sei; und dieser habe geantwortet, er sei dem Gennaios zu eigen (den Gennaios verehren die Einwohner von Hieropolis, die ihm in Gestalt eines Löwen im Zeustempel eine Statue errichtet haben); er habe ihn noch in der gleichen Nacht nachhause getragen und dabei einen Weg von gut zweihundertundzehn Stadien zurückgelegt. Eusebios vermochte die Bewegungen des Betyls nicht zu lenken, sondern mußte ihn bitten und anflehen; dann erfüllte er seine Wünsche.

Es war eine vollkommen runde, weißliche Kugel, deren Durchmesser eine Spanne betrug. Doch sie wurde zu gewissen Zeitpunkten größer oder kleiner; manchmal nahm sie auch eine purpurrote Färbung an. Und er zeigte uns in den Stein geritzte Lettern, die mit einer Farbe getönt waren, die man Mennige (oder Zinnoberrot) nennt. Dann setzte er den Betyl in die Mauer ein. Durch besagte Lettern gab der Betyl demjenigen, der ihn befragte, die gesuchte Antwort. Er stieß Laute aus, die einem leisen Pfeifen ähnelten und uns von Eusebios gedeutet wurden.«

An einer andern Stelle seines Buches verspürt derselbe Photios, dem das Absonderliche dieser Steine keine Ruhe läßt, das Bedürfnis, sie nochmals zu beschreiben, wobei er sich wieder hinter dem Zeugnis des Severus verschanzt:
»Severus berichtete unter anderem, er habe während seines Aufenthaltes in Alexandria auch einen Sonnenstein gesehen, doch keinen von der bekannten Art, sondern einen, der aus seinem Kern goldene, scheibenförmig angeordnete Strahlen schnellte, als stecke die Sonne in ihm; auf den ersten Blick hielt man ihn für eine Feuerkugel. Aus dieser Kugel schossen Strahlen empor, die bis zu ihrer Oberfläche reichten; der ganze Stein war nämlich kugelförmig. Einen Selenit hatte er auch gesehen, aber keinen sogenannten Hydroselenit, in dem ein Möndchen zum Vorschein kommt, wenn man ihn ins Wasser taucht, sondern einen Stein, der sich kraft einer ihm innewohnenden

Eigenbewegung mit den Drehungen des Mondes und auf die nämliche Weise wie dieser drehte, ein wahres Wunderwerk der Natur.«

Die kleine Stadt Apameia unterhalb von Emesa erhebt sich am Fuße des Antilibanon in einer Landschaft aus erstarrter Lava und Knochenstaub. Ihr kleiner, der Sonne und dem Mond geweihter Tempel ist im Besitz eines hydromantischen Orakels, eines unfehlbaren Orakels.

Ihm hätte man eines Tages in der Alten Welt im bellenden Sonnenlicht Heliogabals ganze Familie, Bassianus, den Urgroßvater, Julia Domna, die Großtante, und Julia Moesa, die Großmutter, wie eine Pilgergruppe entgegenwallfahrten sehen können. Bassianus, knallgelb, bewegt sich langsam, im Eselstrab, voran, und seine Töchter gehen vor ihm her.

Sie erreichen punkt zwölf Uhr mittags, zur Stunde, da das Orakel spricht, die zweite Tempeleinfriedung und nähern sich dem heiligen Fischteich.

Das *Leben des Isidoros* von Damaskios enthält eine Beschreibung dieses Orakels, das Julia Domna angeblich die Würde einer Kaiserin eingebracht hat. Und offenbar war das Orakel an diesem Tag besonders genau und gewissenhaft, da ihm zufolge das Horoskop gestellt wurde, welches Julia Domna ankündigte, sie werde eines Tages Königin sein. Und bekanntlich läßt dreißig Jahre später Varius Marcellus, der mutmaßliche Vater Heliogabals, zu Ehren des Orakels eine steinerne Votivstele errichten, auf welcher Julia Domnas Horoskop, das zu diesem Zeitpunkt in Erfüllung ging, eingemeißelt ist.

»Wer kam, um die Göttin (in schaumgeborene Aphrodite) zu verehren«, erzählt Juvenal nach dem verlorengegangenen Buch, »brachte Geschenke aus Gold und Silber, Leinen- und Byssusstoffe sowie andere Kostbarkeiten, und diese Geschenke, sowohl Stoffe wie schwere Gegenstände, sanken, wenn sie angenommen wurden, auf den Grund. Wurden sie jedoch verschmäht und zurückgewiesen, trieben die Stoffe und sogar alles, was aus Gold und Silber oder aus so schwerem Metall gefertigt war, daß es normalerweise nicht hätte schwimmen können, an der Oberfläche.

In Form von länglichen Bronzetäfelchen, die wie etruskische Zaubereien durch ein Loch aufgefädelt werden konnten und banale, in altertümlichem Latein abgefaßte Antworten in hexameterähnlichem Rhythmus aufwiesen, ist uns ein Muster dieser Talismane oder Zaubereien erhalten geblieben, von denen die italischen Orakel lebten.«

Zu Syriens Wundern und Merkwürdigkeiten, von denen die Geschichtsschreiber berichten, zählen auch sagenumwobene Erscheinungen wie die des Apollonios von Tyana vor Antiocheia und die jener geheimnisvollen Gottheit, welche sich, wie Vopiscus im *Leben des Kaisers Aurelian* erzählt, kurz nach Heliogabals Tod vor Emesa sehen läßt.

»Die Reiter des Aurelian hatten vor Emesa kehrtgemacht, als eine Gottheit, die man erst später erkannte, unsere Soldaten anspornte. Die Kaiserin Zenobia ergriff die Flucht, Aurelian zog im Triumph in Emesa ein und begab sich unverzüglich zum Tempel des Heliogabal, um den Göttern seinen Dank abzustatten. Da erblickte er wiederum, und in der nämlichen Gestalt, jene Gottheit, die ihm während des Kampfes erschienen war und ihn bei seinem beschwerlichen Waffenhandwerk angespornt hatte.

Nach seiner Rückkehr ließ er in Rom einen Tempel zu Ehren der Sonne errichten, dessen Einweihung mit größtem Pomp begangen wurde.

. . . .

Damals tauchten in Rom jene juwelenübersäten Gewänder, jene persischen Drachen und Goldmitren auf, die man im Sonnentempel besichtigen kann.«

Doch über diesen Sagen, diesem Klatsch, der sich, symbolisch oder nicht, auf die Erde bezieht und nach Art aller Symbole die treffendsten und unbestreitbarsten Wahrheiten zwar klar, aber umkehrbar offenbart und so auch verschleiert, liegen der Klatsch und die Sagen, die sich auf den Himmel beziehen. Es gibt metaphysische Fabeln, Kosmogonien, die Genesis, nicht die biblische sondern die phäakische, die uns, ob ihre urtümliche Fassung nun echt sei oder nicht, mittels der Stele des Sanchoniaton den unergründlichen Geist und die schlammigen Bedenken (ich meine jene Bedenken, die an den antiken Schlamm rühren) der ersten Kriegsgewinnler überliefert, welche dem Rot entstammen, einem menstruationsfarbenen Gelbrot. Diese gelbrote Menstruation, Farbe und Fahne der Phäaken, frischt die Erinnerung an den furchtbarsten aller Kriege wieder auf. Gelbrot, die Standarte der Frau, gegen Spermaweiß, die Standarte des männlichen Geschlechtes. Ich werde anläßlich der Prinzipien auf diesen Krieg zurückkommen, der zwischen dem Weiblichen und dem Männlichen ausgetragen wird, ohne daß Aussicht auf Waffenruhe besteht. Vorerst will ich aber bei einem Krieg der Wunder und Merkwürdigkeiten der Natur, glänzender ritueller Schauspiele verweilen, wo Mann und Frau sich kraft des Goldes und kraft des Mondes auf dem Mantel des amtierenden Priesters vermischen.

Die syrischen Tempel sind Schalltrichter wirklicher Wunder, vergegenständlichter Magie. Und eine ganze Reihe von Tempeln, die offenbar einzig und allein dazu da sind, diesen Krieg, diese Riten und Merkwürdigkeiten zu veranschaulichen, wetteifern über ganz Syrien hinweg miteinander an Pracht, wobei die einen der Sonne, die andern dem Mond geweiht sind, ohne daß man jemals wirklich weiß, welches das Weibliche und welches das Männliche ist und ob das Männliche das Weibliche hervorgebracht hat oder umgekehrt. Da gibt es den Sonnentempel in Emesa, der offenbar vor den andern Tempeln der männlichen Sonne den Vorrang hat, als gäbe es mehrere Sonnen, wobei jede einzelne das Double aller andern wäre, und als sei der Mond das weibliche Double eines einzigen, männlichen Gottes; und da gibt es den ganz mit Mondsteinen ausgelegten Tempel von Apameia für Sonne und Mond zusammen; und es gibt auch den Mondtempel in Hieropolis bei Emesa; sein Äußeres ist der Frau geweiht, im Innern steht ein schäbiger kleiner Thron für das Männliche, auf dem ein einziges Mal im Jahr ein Standbild des Apollon gezeigt wird. Apollon, das heißt die Sonne in Bewegung, die sich, von einem Teil ihrer selbst, dem erhabensten, befreit, vorwärtsbewegt; sie wird als bewegende Kraft aufgefaßt, als Sonne, die sich von ihrem Thron herabgelassen hat, nicht mehr König, da sie nicht mehr thront, da sie ihre Bewegungslosigkeit aufgegeben hat und tätig ist, Sohn des Königs geworden wie Christus der Sohn Gottes.

Lukianos, ein griechischer Schriftsteller des 2. Jahrhunderts nach Christus, berichtet von seiner Besichtigung des Astartetempels zu Hieropolis.
Doch sucht man in seinem Bericht vergeblich genaueren Aufschluß über die dort vollzogenen Riten. Offenbar ist ihm nichts aufgefallen außer einer pittoresken Äußerlichkeit:
»Der Tempel enthält kostbare Gegenstände, uralte Opfergaben, eine Menge wunderbarer Gegenstände, Statuen, die man anbetet, und Götter, die stets gegenwärtig sind. Es trifft zu, daß dort die Statuen schwitzen, sich bewegen und Orakel von sich geben.«
Denn wenn Steine Töne von sich geben, wenn sie fliegen und atmen, eine Atmung haben, die ihnen eigen ist, so haben die Statuen gleichfalls einen Atem, und das ist zweifellos der Geist des Gottes.
»Wenn der Tempel geschlossen ist«, sagt Lukianos, »läßt sich im Altarraum oft eine Stimme vernehmen. Viele haben sie gehört.«
Bei geöffnetem Tempel scheint der Betrug nicht funktioniert zu haben. Es gibt immer Schwindler neben den Initiierten.

»Ich habe«, fährt Lukianos fort, »den geheimen Schatz des Tempels gesehen, wo zahlreiche Reliquien und Kostbarkeiten aufbewahrt werden: Stoffe und gesondert aufgestellte Gegenstände aus Gold und Silber.
Der Tempel enthält außerdem Stoßzähne von

Elefanten, Tongeschirr, äthiopische Stoffe; in der Vorhalle stehen zwei riesige Phalli. Auch kann man in der Tempeleinfriedung ein sitzendes Männchen aus Erz mit einem riesigen Glied sehen.
Der Ort selbst, wo sich der Tempel von Hieropolis erhebt, ist ein mitten in der Stadt gelegener Hügel. Er ist von zwei Mauern umgeben. Eine dieser Mauern ist alt, die andere kann nicht lange vor unserer Zeit gebaut worden sein. Die Propyläen haben eine Ausdehnung von ungefähr hundert Faden (hundertsechzig Metern). Unter diesen Propyläen stehen Phalli von dreißig Faden (achtundvierzig Metern) Höhe. Auf einen dieser Phalli klettert zweimal jährlich ein Mann hoch und hält sich sieben Tage lang da oben auf. Diese Ersteigung hat folgende Gründe: Das Volk ist überzeugt, daß der Mann von dieser erhöhten Stelle aus mit den Göttern spricht und das Wohlergehen ganz Syriens von ihnen erbittet, und daß diese sein Gebet aus größerer Nähe vernehmen. Andere sind der Meinung, es geschehe zu Ehren Deukalions und zur Erinnerung an jenes traurige Ereignis, als die Menschen in ihrer Angst vor der Überschwemmung auf die Berge flüchteten. (Der Tempel von Hieropolis wies ein Loch auf, durch welches das Wasser der Sintflut abgelaufen sein soll.) Um den Phallus zu besteigen, legt der Mann eine starke Kette um den Phallus und um seinen Körper herum und

klettert dann mit Hilfe von Holzstücken hoch, die so weit aus dem Phallus vorspringen, daß er den Fuß darauf setzen kann. Je höher er kommt, desto mehr strafft er die Kette, wie Wagenlenker die Zügel straffen. Wenn nicht dies, so hat man doch gewiß erlebt, wie in Arabien oder Ägypten die Palmen bestiegen werden, und versteht somit, was ich sagen will. Am Ende seines Weges läßt unser Mann eine andere, überaus lange Kette, die er bei sich hat, herunter, und zieht mit ihrer Hilfe alles, was er braucht, zu sich hinauf: Holz, Kleider, Geschirr. Er macht sich damit eine Bleibe, eine Art Nest zurecht, setzt sich hinein und verbringt dort die genannte Zeit. Die herbeiströmende Menge bringt ihm teils Gold, teils Silber und teils Kupfer; man legt diese Opfergaben vor ihn hin und zieht sich zurück, wobei jeder seinen Namen nennt.

Ein anderer Priester ist anwesend und wiederholt ihm hochaufgerichtet die Namen; hat er sie verstanden, spricht er für jeden ein Gebet. Während des Betens schlägt er auf ein ehernes Instrument, das einen lauten, gellenden Ton von sich gibt.

Der Mann schläft nicht. Wenn er sich dem Schlaf überläßt, soll ein Skorpion bis zu ihm hinaufkriechen und ihn durch einen schmerzhaften Stich wecken. Das ist die Strafe dafür, daß er geschlafen hat. Der Skorpion gilt dort als heilig und göttlich.

Der Tempel ist der aufgehenden Sonne zugewandt. In Form und Bauweise gleicht er den in Ionien errichteten Tempeln.«

Hier wittert man die Frau. Hätte Lukianos, statt uns eine äußerliche Beschreibung des Tempels von Hieropolis zu liefern – und nie ist seine Beschreibung äußerlicher, als wenn er angeblich sein Innerstes entweiht, in seine Geheimnisse eindringt –, die geringste Neugier hinsichtlich der Prinzipien empfunden, so hätte er der außermenschlichen Herkunft der steinernen weiblichen Geschlechter nachgespürt, mit denen die Säulengänge des Tempels verziert sind. Es ist das eigentliche Prinzip der ionischen Architektur.
Doch zurück zu seiner dokumentarischen Beschreibung.
Diese Beschreibung hat den Vorzug, eine Reihe konkreter, wenngleich oberflächlicher Einzelheiten festzuhalten; auch bringt sie jenen angeborenen Hang für die Etikette, jene Hochschätzung sowohl echten wie falschen Ansehens bei einem Volk, dessen Theater sich nicht auf der Bühne, sondern im Leben abspielte, klar zum Ausdruck.

»Ein Sockel von zwei Faden Höhe erhebt sich über dem Boden. Auf diesem Sockel ruht der Tempel. Schon wenn man ihn betritt, hat man Anlaß, ihn zu bewundern: die Türen sind aus Gold, im Innern glitzert das Gold von allen Seiten, glänzt auf dem ganzen Gewölbe. Man nimmt einen süßen Duft wahr, demjenigen ähnlich, mit dem angeblich Arabien parfümiert ist. Kaum ist man eingetreten, atmet man diesen köstlichen Wohlgeruch ein, und wenn man hinausgeht, verliert er sich nicht, er durchdringt die ganze Kleidung und bleibt für immer in der Erinnerung haften. Im Innern erheben sich hinter einer zurückgesetzten Schranke die Statuen von Jupiter und Juno, denen die Einwohner der Stadt einen gleichlautenden Namen in ihrer eigenen Sprache gegeben haben. Diese beiden Statuen bestehen aus Gold und sitzen: Juno auf Löwen, Jupiter auf Stieren. Die Statue der Juno hält in der einen Hand ein Szepter, in der andern eine Spindel, ihr strahlenbekröntes Haupt trägt einen Turm und ist von jenem Stirnband umgeben, das für gewöhnlich nur die Stirn der Urania schmückt. Ihre Kleidung ist mit Gold und unendlich kostbaren teils weißen, teils wasserblauen und vielen feuerfarbenen Steinen bedeckt, es sind Sardonyxe, ägyptische Hyazinthe und Smaragde, die ihr die Inder, Meder, Armenier und Babylonier darbringen.

Die Statue trägt auf dem Haupt einen Diamanten, der *Lampe* genannt wird. Er verbreitet nachts einen so kräftigen Schein, daß der Tempel wie von Fackeln erleuchtet ist; dieser Glanz ist tagsüber bei weitem schwächer, indessen bewahrt der Stein einen Teil seines Feuers. Diese Statue hat noch eine andere wunderbare Eigenschaft: Betrachtet man sie von vorn, sieht sie einen an, und wenn man sich entfernt, blickt sie einem nach. Probiert ein anderer von einer andern Seite dasselbe, verhält sich die Statue genauso.

Zwischen diesen beiden Statuen befindet sich eine dritte, ebenfalls goldene, die jedoch mit den beiden andern nicht zu vergleichen ist. Es ist das Semeion: sie trägt auf dem Kopf eine goldene Taube.

Betritt man den Tempel von links, findet man zwar einen Thron für die Sonne, doch keine Figur dieses Gottes; Sonne und Mond sind die beiden einzigen Gottheiten, die nicht dargestellt werden, denn man ist der Meinung, es sei unnötig, Statuen von Gottheiten anzufertigen, die sich täglich am Himmel zeigen.«

Der durch Elagabals, des schwarzen Gottes, kraftstrotzende Rute verkörperte Baalskult in Emesa bildete mit seinen komplizierten, überladenen Riten das Gegenstück zum Kult der Tanit-Astarte, des Mondes, der ein paar Kilometer weiter weg in den kühlen Tiefen des Tempels von Hieropolis wütete. Aus diesem der Scheide, dem vergöttlichten Geschlecht der Frau geweihten Tempel wurde an hohen Feiertagen ein schwitzender, bärtiger Apollon hinausgetragen, der durch die Stimme des Oberpriesters seine Orakel verkünden ließ, indem er sich auf den Schultern seiner Träger vorwärts- oder rückwärtsbewegte. Dieser

Apollon, der ganz aus Gold war bis auf die groben schwarzen Haare, die man ihm unter dem Kinn eingesetzt hatte, erscheint auf den Schultern von Männern, unterstützt von einem guten Dutzend schwankender Träger, die seine Masse nur mit Mühe aufrechthalten. Die Menge verbeugt sich. Der Weihrauch steigt auf, scheint durch alle Öffnungen zu entweichen. Im Allerheiligsten des Tempels erwartet der Oberpriester den Gott – auch er mit Insignien weiß bemalt, mit Edelsteinen, Flitter und Gefieder behängt, Gold schwitzend, aufrecht, zart und ätherisch wie ein Glockenschwengel. In der plötzlich einsetzenden Stille vernimmt man Schritte, Stimmen, mancherlei Hin und Her in den unterirdischen Kammern des Bauwerks; alles zusammen bildet gleichsam Scheiben, übereinanderliegende Stockwerke aus Geflüster und Geräuschen. Unter der Erde führt der Tempel spiralförmig in die Tiefe; die Kammern der Riten türmen sich senkrecht hinab; der Tempel ist nämlich wie ein weitläufiges Theater, ein Theater, wo alles echt wäre.

Im Augenblick, da der Gott, der trunkene Gott, inmitten seiner schwankenden Wächter erscheint, erbebt der Tempel in Einklang mit den übereinandergeschichteten Wirbeln der Kellergeschosse, die man bereits in der frühesten Antike gekannt und gesichtet hat. In den Ritenkammern, bis mehrere hundert Meter unter der Erdoberfläche, geben sich die

Wächter Losung, rufen, schlagen Gongs an, lassen Hörner aufstöhnen, und die Gewölbe spielen sich ihre Echos zu.
Auf dem Flügel der Schreie, auf den rollenden Wolken von Weihrauch und Geräuschen, die treibenden Rauchschwaden gleichen, befragt der Oberpriester das Orakel, forscht es aus, ruft es rhythmisch mit lauten Schreien an. Dann sieht man den rasenden Gott, dessen. Bart inmitten des Goldes, in dem er schwimmt, ein großes schwarzes Loch bildet, sieht man den Gott sich bewegen und schäumen, als sei er vom Zorn gepackt, von Inspiration verstört.
Ist das Orakel günstig, lautet die Antwort des Orakels

»ja«,

so stößt der Gott seine Träger vorwärts.
Ist das Orakel ungünstig, lautet die Antwort des Orakels

»nein«,

so zieht der Gott seine Träger rückwärts.
Lukianos behauptet, er habe eines Tages selbst gesehen, wie dieser Gott, der Fragen müde, die man ihm stellte, sich dem Zugriff seiner Wächter entzog und mit einem einzigen Schwung gen Himmel entflog. Man kann sich vorstellen, wie die Menschenmenge in einer Art religiösen Panik aus dem Tempel stürzt, auf dem Vorplatz herumtrampelt und die beiden großen Phalli umflutet, umdrängt, die hoch wie Pylone und im Augenblick mit ihren fast hundert Ellen Höhe unbenutzt sind.

All das vermittelt kaum einen Begriff von einem gewissen äußerlichen Aspekt der Religion der Astarte, des Mondes, die seltsam mit den Riten Apollons, der bärtigen Sonne, vermischt ist. Doch das Vorhandensein dieser beiden Pylone, die hintereinander in der inneren Fluchtlinie des Tempels aufragen, muß hervorgehoben werden. Diese beiden Pylone stellen Phalli dar und ragen genau in der Sonnenachse auf, so daß sie mit dem Punkt, wo die Sonne zu einer bestimmten Zeit des Jahres aufgeht, eine Art ideale Linie bilden, in welcher der Tempel liegt, wodurch der Schatten der einen Säule, die näher beim Tempel steht, sich genau mit dem Schatten der anderen deckt.
Sie sind Zeichen einer kräftigen Ausschweifung der Geschlechter, in die sich im ganzen Königreich sonst insbesondere diejenigen, die religiös sind, aber auch diejenigen, die es nicht sind, schwerlich einlassen würden. Doch was für die Gallen eine Aufforderung zur Verstümmelung darstellt, stellt für die große Menge des Volkes eine Aufforderung zur Unzucht dar. Während die frischgebackenen Jungfrauen auf dem Altar des Mondes ihre kaum erlangte Jungfräulichkeit opfern, geben sich ihre heiligen Mütter, die für einen Tag das häusliche Gynäzeum verlassen, den Kanalreinigern des Tempels, den Wächtern der heiligen Schleusen hin, die gleichfalls für einen Tag aus ihrer Finsternis auftauchen

und ihr männliches Geschlecht den Strahlen der äußeren Sonne darbieten.

In diese Gallen, die bei ihrem Lauf ihr Glied wegschleudern und Ströme von Blut auf den Altären des pythischen Gottes verlieren, verlieben sich die Frauen jäh. Und die Gatten und Liebhaber der Frauen achten diese heilige Liebe.
Solche Liebesexplosionen dauern nur eine Weile. Bald verlassen die Frauen die Leichen dieser Männer, welche wieder mit den Frauenkleidern bedeckt werden, die sie bei ihrem Todeslauf erhalten haben.

Wie man nach alledem einräumen muß, ist dieses Syrien, das die Tempel vermengt, das den einstigen Krieg im Chaos zwischen dem Weiblichen und dem Männlichen sowie jene Kriege vergessen hat, die die Pheaci oder Phönizier, die keine Semiten sind, den Semiten vorzeiten nicht um einer Vorstellung des Männlichen und des Weiblichen, sondern des Mannes und der Frau willen geliefert haben, dieses Syrien, das in seinen Tempeln diese beiden Prinzipien und ihre vielfachen Verkörperungen miteinander versöhnt hat, ist indessen für eine gewisse Naturmagie empfänglich: es glaubt an Wunder und sucht sie zu erforschen; doch vor allem hat es sich eine Vorstellung von übernatürlicher Magie bewahrt: es glaubt an Geisterbereiche, an mystische

Einflußlinien, an eine Art unstete magnetische Kraft, die Gestalt annimmt, und stellt sie auf seinen Karten vom Barbarenhimmel, die nichts mit astronomischen Karten zu tun haben, durch Figuren dar.

Eine Frau, einzig in ihrer Art in der Geschichte, ist die Verkörperung dieser Magie und dieser Kriege gewesen: Julia Domna.
Wo Wirkliches und Unwirkliches ineinander übergehen, schmiedet sie ihre grandiosen Pläne, die durch die Atmung der redenden Steine heimlich genährt werden, und das Wunderbare dient ihr gleichzeitig als Schmuck und als Spiegel.
Julia Domna, die Krieg geführt, die Kriege entfacht und angestiftet hat, um ihren weiblichen Ehrgeiz und ihre Vorstellungen von Herrschaft zu befriedigen, ist auch für jene Sammlung von Wundern verantwortlich, die das von Philostratos verfaßte *Leben des Apollonios von Tyana* enthält; Apollonios von Tyana, der Weiße, der die Geistigkeit der Erde mit Zeichen, die er in Gräbern gemacht hat, wieder auflädt.
Ich verzeihe Julia Domna ihre Heirat mit jenem verrückten Römer namens Septimius Severus, und ich verzeihe ihr auch ihre Söhne, die noch verrückter und verbrecherischer waren als ihr Vater; denn in ihrem Auftrag wurde das *Leben des Apollonios von Tyana* geschrieben, wo ich alles wörtlich nehme.

Übrigens hätte es ohne Julia Domna Heliogabal nicht gegeben, wobei ich allerdings glaube, daß ohne diese päderastische Verschmelzung von Königtum und Priesterwürde, wo die Frau Mann sein möchte und der Mann sich ein weibliches Benehmen zuzulegen sucht, Julia Domnas königliche Weiblichkeit, in der sich Geist und Wunderbares mischen, nie darauf verfallen wäre, auf dem Thron des römischen Reiches glänzen zu wollen. Dazu bedurfte es äußerer Umstände und der Tatsache, daß sie Gebieterin war. All das zusammen ergibt ein Ungeheuer, das einen Kaiser in den Krieg stürzt, das aber, sowie es vom Krieg abgelenkt ist, um sich herum Dichter fördert, wie es Heilkundige und Zauberer gefördert haben soll. Alle ihre Liebhaber sind Männer, die dienen, die zu etwas dienen und ihr dienen. Sie vermischt Geschlecht und Geist, so daß der Geist nie geschlechtslos, das Geschlecht aber auch nie geistlos ist. In Syrien, noch als junges Mädchen, schläft sie überall herum, aber immer mit Ärzten, Politikern und Dichtern. Sie gibt sich Männern hin, die ihr ins Konzept passen, ohne sich um deren Konzept zu kümmern. Erst einmal Königin sein: ihre Bettgeschichten bahnen ihr den Weg zum Thron. Und man darf annehmen, daß sie Severus als er die 4. skythische Legion übernahm, lange hat zappeln lassen, nämlich bis zu ihrer kurz darauf erfolgenden Heirat. Und selbst danach.

Sie läßt das Geld mit vollen Händen springen und versteht sich im Gegensatz zu Julia Moesa nicht darauf, schlaue Intrigen zu spinnen, doch sie ebnet großen Plänen den Weg. Ehrgeiz und Macht über alles. Ein Ehrgeiz bis aufs Blut, einmal selbst über das Blut hinweg. Als ihre beiden Söhne sich vor ihren Augen gegenseitig umbringen wollen, läßt sie den toten um des lebenden willen im Stich, weil der lebende Caracalla heißt und herrscht. Und weil sie Caracalla nach ihrem Kopf lenkt und den Thron hütet, während er auf ihr Geheiß in der Ferne Krieg führt.

Ein lateinischer Geschichtsschreiber, Dion Cassius, berichtet, Julia Domna habe mit Caracalla im Blut ihres Sohnes Geta, der von Caracalla ermordet worden war, geschlafen. Doch Julia Domna hat stets nur mit dem Königtum geschlafen, zuerst mit dem der Sonne, deren Tochter sie ist, dann mit dem römischen Kaisertum, das sie besteigt wie ein Hengst seine Stute.

Indessen kennt diese Kraft auch die Wollust. Man amüsiert sich tüchtig an Julia Domnas Hof, seit sie dazu übergegangen ist, unter der Leitung ihrer Schwester Julia Moesa sowie deren Töchter syrische Bräuche in Rom einzuführen.

Mag sein, daß das Sperma in Strömen fließt; aber es ist ein geistvoller Strom, dieser Spermastrom, der dahinfließt und weiß, daß er nicht versickert.

Denn die Wollust ist hier nur der Schaum der Kraft: ein Wogenkamm, der im Wind bebt. Nichts entmutigt diese außerordentliche Frau. Sowie der Krieg abzieht, kehrt die Poesie zurück. Und unterdessen lebt ihre Schwester samt ihren Töchtern, durch die die Rasse der Sonne fortbestehen wird, unter ihrer Fuchtel.

Heliogabal wird im Jahre 204 während Caracallas Regierungszeit in Antiocheia geboren. Und Caracalla, Moesa, Domna sowie Soemia, Heliogabals Mutter, zur Zeit Witwe des Varius Antoninus Macrinus, und Mammoea, die Mutter des Alexander Severus und Witwe des Getreide- oder Wasserkurators Gessius Marcianus, schlafen alle durcheinander, toben sich aus, tafeln und entfachen um sich her die Trancezustände syrischer Fakire.

Dann wird in weiter Ferne, in der Nähe eines Tempels des männlichen Mondes, des Gottes Lunus, Caracalla ermordet, als er gerade vom Pferd gestiegen war und pißte.

Und Macrinus, der neue Kaiser, läßt sich auf dem Thron von Rom nieder, ohne jemals nach Rom zurückzukehren, da er sich vorstellt, er könne alles von Syrien aus lenken, von da unten, wo er sich gerade aufhält und wo er Caracalla hat ermorden lassen.

Nun kann's aus sein mit Julia Domnas Königtum. Macrinus läßt sie aber, wo sie ist: er respektiert sie; – und Julia Domna kann es nicht fassen. Indessen ist sie nicht mehr richtig Kö-

nigin. Sie behält zwar den Titel, die Würden, die Ehrenwache (die bewaffnete Macht, das zählt) und vor allem den Schatz einer Königin (der Schatz ist das Allerwichtigste), hat aber nicht mehr Teil an der Regierung des Imperiums; und so zettelt sie heimlich eine Verschwörung an, um wieder ans Ruder zu kommen.
Macrinus erfährt alles und ruft Julia Domna, Julia Moesa, Julia Soemia und Julia Mammoea schleunigst nach Syrien zurück mitsamt dem kleinen Varius Antoninus aus der Familie der Bassianiden von Emesa, den wir Heliogabal nennen wollen, obwohl er diesen Namen noch nicht erhalten hatte.

Heliogabals Mutter befand sich zu der Zeit, da sie ihn empfing, in Rom, also hat Caracalla sein Vater sein können, obwohl er damals erst vierzehn Jahre alt gewesen ist. Doch weshalb sollte ein vierzehnjähriger Römer, Sohn einer Syrerin, es nicht schaffen, einer achtzehnjährigen Syrerin ein Kind zu machen? Heliogabal ist nicht in Rom geboren, sondern durch Zufall in Antiocheia, während einer jener geheimnisvollen Reisen hin und her, die die Familie des Bassianus vom Hofe in Rom zum Tempel von Emesa unternahm, wobei sie durch Syriens militärische Hauptstadt kam.

Nach ihrer Rückkehr nach Syrien kann Julia Domna, die das Königtum immer über alles geliebt hat und bei welcher die Liebe im Grund keine Rolle spielte (und die Dichtung des Apollonios von Tyana und einiger anderer ist für sie immer die höchste Form des Königtums gewesen), kann Julia Domna den Verlust der Herrschaft nicht verschmerzen und beschließt, Hungers zu sterben, was sie auch tut.

Nun hat sich Julia Moesa mit ihrem Wurf wieder in Syrien eingenistet.
Wir schreiben das Jahr 211 nach Christus.
Heliogabal mag sieben Jahre alt sein, und seit zwei Jahren schon ist er zum Priester der Sonne geweiht worden. Doch um das kleine Königreich Emath, über welches Heliogabal herrscht, liegt das wüstenartige, weiße Syrien, dessen Entwicklung immerhin nicht belanglos sein dürfte.
In militärischer Hinsicht ist es ruhig. In natürlicher und geographischer Hinsicht ist es fast genauso wie heute. Der Orontes, der durch eine Art abgeleiteten Arm an den Mauern des Tempels von Emesa vorbeifloß, fließt heute nicht mehr an ihnen vorbei. Antiocheia heißt Antiochia und Emesa heißt Homs. Vom Sonnentempel ist nichts mehr übriggeblieben, so daß man glauben sollte, er sei in den Erdboden versunken. Und er ist tatsächlich in den Erdboden versunken, denn er ist noch vorhanden neben einer nach Sonnenuntergang gewandten Moschee, die man ein halbes Stadion

von seiner Rechten entfernt gebaut hat; doch ein simpler gepflasterter Platz, wo nie jemand darauf verfallen ist, Ausgrabungen zu machen, bedeckt seine sagenumwobenen Fundamente.

Was die Stadt Homs angeht, so stinkt sie, wie Emesa einst stank, denn da liebt, schlachtet und scheißt man im Freien. Und die Konditoreien neben den Latrinen wie die rituellen Schlachthäuser neben den anderen Schlächtereien. All das schreit, entleert sich, liebt, verspritzt Gift und Sperma wie unsereins ausspuckt. In den Gassen von Homs, vor ihren Läden, wo es wie bei regelrechten Versteigerungen zugeht, psalmodieren die Händler, deren rhythmisches Schreiten den großen Statuen des Assuerus angemessen wäre, wie sie schon in Emesa psalmodierten.

Sie tragen jene langen Gewänder, die man von den Evangelienbüchern her kennt, und plakken sich in den schrecklichen Gerüchen ab wie orientalische Schmierenkomödianten oder Hanswurste. Und an ihnen vorbei strömt, aber im Jahre 211, eine aus Sklaven und Aristokraten gemischte Menge, und über ihnen, auf den Anhöhen der Stadt, strahlen die glühenden Mauern des tausendjährigen Sonnentempels.

Wir haben die engen Krämergäßchen verlassen, wo zwischen Speiseresten dicke Kanalratten verwesen, und nähern uns dem Tempel

selbst, von dessen verborgener Pracht ein Teil der Antike geträumt hat. Ein halbes Stadion vor dem Tempel verlieren sich die Gerüche, es wird still. Eine sonnenerfüllte Leere trennt den Tempel von der Unterstadt, denn der Sonnentempel in Emesa erhebt sich wie nahezu alle syrischen Tempel auf einer Anhöhe. Dieser kleine Hügel ist aus den Eingeweiden anderer Tempel, aus Trümmern von Palästen und Überresten uralter Erdumwälzungen aufgeworfen, die uns, wollte man ihre Herkunft bestimmen, auf eine Sintflut zurückverweisen würden, die weit älter wäre als diejenige Deukalions. Eine niedrige Einfriedung aus rosa Lehm umschließt den Tempel auf dem Kamm des kleinen Hügels; ihr folgt in einem Abstand von der Breite der Place de la Concorde eine zweite Einfriedung aus seltenen, mit einer Lasur aus schimmerndem Glimmer überzogenen Steinen. Ist das Tor der zweiten Einfriedung offen, heben die heiligen Geräusche, die inneren Geräusche an, bietet sich dem Auge ein verwirrender Anblick.
Da ist der Tempel und sein Adler, der mit ausgebreiteten Schwingen den heiligen Phallus hütet. Große Wogen silbernen Lichtes beben auf seinen Marmorwänden und rufen die vielfachen Schreie in Erinnerung, die offenbar der pythische Apollon während der großen Sonnenfeierlichkeiten ausstößt. Und um den Tempel herum ziehen in Scharen die rituellen Diener, die, gleichsam dem Schweiß des Erd-

bodens entsprossen, aus großen schwarzen Kanallöchern auftauchen. Beim Tempel von Emesa liegt der Eingang für Bedienstete nämlich unter der Erde, und nichts soll die Leere stören, die den Tempel jenseits der vorgeschobensten Mauer säumt. Ein Strom von Männern, Tieren, Gegenständen, Materialien, Lebensmitteln entspringt in mehreren Winkeln der Handelsstadt und strebt den Kellergeschossen des Tempels entgegen, webt dabei um dessen Vorratskammern eine Art Gespinst, ein ungeheures Spinnennetz.

Diese geheimnisvolle Verflechtung von Menschen, von lebendigen oder gehäuteten Tieren, von Metallen, die eine Art kleine Zyklopen, die nur einmal im Jahr das Tageslicht erblicken, heranschleppen, von Nahrungsmitteln und Handwerkserzeugnissen erreicht zu gewissen Tageszeiten einen Höhepunkt, bildet Knoten aus Gezeter und Geräuschen, bricht aber eigentlich nie ab.

Unter der Erde drängen sich die Schlächter, die Gehilfen, die Fuhrleute, die Verteiler, die durch den Unterleib des Tempels hinausströmen und den ganzen Tag in der Stadt herumstöbern, um dem gefräßigen Gott seine vier täglichen Mahlzeiten zu liefern, an den von Blut, Weihrauch und geschmolzenem Gold berauschten Opferpriestern vorbei, an den Gießern, den Stundenherolden, den Hammerschmieden, die das ganze Jahr über in ihre tiefen Kammern verbannt sind, aus denen sie

erst am schicksalshaften Tag der pythischen Spiele, die auch Helia Pythia genannt werden, auftauchen.
Denn um die vier großen rituellen Mahlzeiten des Sonnengottes dreht sich ein Volk von Priestern, Sklaven, Herolden und Helfern. Diese Mahlzeiten sind nämlich nicht einfach, weil jeder Bewegung, jedem Ritus, jedem blutigen Handgriff, jedem in Säure getauchten und abgewischten Messer, jedem neuen Gewand, das Bassianus anzieht oder ablegt, jedem Klopfgeräusch, jeder mit Gold, Silber, Amiant oder Elektrum in Wallung gebrachten Mischung, jeder Türangel, die sich dreht und die schimmernden Kellergeschosse mit dem Geräusch des kosmischen Rades erfüllt, ein Aufschwung düsterer, gequälter Ideen entspricht, die in Formen verliebt sind und darauf brennen, sich wieder zu verkörpern.
Eine Goldmasse, die genau in dem Augenblick in einen von Zyklopen gefütterten Schlund geworfen wird, wo der Oberste Opferpriester wie rasend die Kehle eines mächtigen Geiers zerfetzt und sein Blut schlürft, entspricht einem von ägyptischen Priestern überlieferten Ritus zufolge der Vorstellung einer alchimistischen Verwandlung der Gefühle in Formen und der Formen in Gefühle.
Doch dieser Vorstellung vergossenen Blutes und materieller Verwandlung von Formen entspricht eine Vorstellung der Läuterung. Es geht darum, daß der Priester das auf diese

Weise Gewonnene von jedem unmittelbaren, persönlichen Lustgefühl trennt, und daß dieses Aufflackern, dieser Ausbruch jähen Wahnsinns, unbelastet von Materie ins Prinzip zurückkehren kann, von dem es ausging.
Deshalb diese zahllosen, für eine einzige Handlung oder gar nur eine einfache Geste bestimmten Kammern, mit denen die Kellergeschosse des Tempels, seine wimmelnden Eingeweide gleichsam gespickt waren. Der Ritus der Reinigung, der Ritus der völligen Nacktheit in jedem Sinne, der Ritus der ätzenden Kraft, des unvorhergesehenen Aufspringens der Sonne, welcher der Erscheinung des wilden Ebers entspricht; der Ritus des wütenden Bergwolfes und derjenige des hartnäckigen Widders; der Ritus lau verströmender Wärme und derjenige des großen Sonnenknisterns zum Zeitpunkt, wo das männliche Prinzip seinen Sieg über die Schlange anzeigt: alle diese Riten entsprechen sich über zehntausend Kammern hinweg täglich oder monatlich oder alle zwei Jahre von einem Gewand zu einer Bewegung oder von einem Schritt zu einer Blutfontäne.
Denn was von der Sonnenreligion, wie sie in Emesa üblich war, nach außen gedrungen ist, was die große Menge gesehen hat, ist lediglich ein gemilderter, beschränkter Aspekt, dessen peinigende, abscheuliche Inspiration allein die Priester des pythischen Gottes enthüllen könnten.

Wenn ein sich drehender, mit allerlei Kleidern behängter Phallus anzeigt, was der Sonnenkult an Schwarzem birgt, verwirklichen die hallenden Stockwerke, welche die Idee der Sonne unter die Erde geleiten, auf körperliche Weise, durch ihre Fallen und schneidenden Zauber, eine Welt unendlich dunkler Ideen, wobei die üblichen, von Geschlechtlichem handelnden Geschichten nur deren Verkleidung darstellen.
Diese Ideen, die den Sonnenkult, wie er in Emesa üblich war, prägen, rühren an die kosmische Bosheit eines Prinzips, wobei der von den Völkern regelmäßig begangene Irrtum darin bestanden hat, ihm dadurch, daß man gerade das Schwarze an ihm verehrte, einen hassenswerten Ausfluß in die Dinge zu verschaffen.
Das auf der Spitze stehende Dreieck, das die Schenkel formen, wenn der Leib keilförmig zwischen sie sackt, bildet den finsteren Konus des Erebos ab, in dessen unheilvollen Raum die Verehrer des Sonnenphallus, darin jenen verwandt, die die Mondmenstruation verschlingen, ihre Exaltation einführen.
Es bedeutet also nicht Beischlaf, sondern Tod, und Tod im heillosen Licht, im Sündenfall eines Teiles von Gott, dessen ohnmächtiges, zugleich ohnmächtiges und böses Antlitz alle jene Initiationsreligionen offenbaren, als wollte Gold seine Überlegenheit im Bereich niedriger Verwirklichung beweisen und ließe

es geschehen, daß ein Teil seiner selbst mit dem Gewicht von Blei von ihm abfiele.
Das alles offenbart das Schreckliche im Wesen einer immerhin monotheistischen Religion und beweist, daß Gott selbst nur wird, wozu man ihn macht.

Wenn die ägyptischen Pyramiden mit ihren gemauerten Dreiecken das helle Licht beschwören, so muß man beim Tempel von Emesa an seinen unterirdischen Mittelpunkt denken, an eine Art dreieckigen Filter, einen Filter für Menschenblut.
Das Blut der oben vollzogenen Opfer darf nicht in die gewöhnliche Kanalisation sickern; es soll sich nicht mit den gewöhnlichen menschlichen Ausscheidungen, mit Urin, Schweiß, Sperma, Speichel oder Exkrementen vermischen und in die ursprünglichen Wasser des Meeres zurückkehren. So besteht unter dem Tempel von Emesa ein besonderes Kanalsystem, wo das Menschenblut mit dem Plasma gewisser Tiere zusammenfließt.
Durch dieses Kanalsystem, diesen glühenden Bohrer, dessen Gewinde sich in dem Maße verengt, in dem es tief ins Erdreich vorstößt, soll das Blut der nach vorgeschriebenen Riten geopferten Lebewesen wieder in heilige Winkel der Erde zurückkehren, an urtümliche geologische Adern, erstarrte Schauder des Chaos rühren. Dieses reine Blut, dieses rituell entsündigte, geläuterte und dem Gott da un-

ten schmackhaft gemachte Blut netzt die grollenden Götter des Erebos, deren Atem es vollends reinigt.

Nun liegt der Tempel mit den Protuberanzen seiner Nischen, Quellen und Flachreliefs, seiner zitternden, wie Nägel in die Mauern eingesetzten Steine von der Spitze seines Phallus bis zum letzten Ring seiner Sonnenkanäle in einer Art unermeßlichem Kreis beschlossen, der dem Himmelskreis mit seinen Krämpfen entspricht.

Hier, im Mittelpunkt dieses trügerischen Kreises, gleichsam im lebendigen Punkt eines Netzes, wo die Spinne sitzt, befindet sich die Kammer mit dem Filter, der einem auf der Spitze stehenden Dreieck gleicht. Und die Filterspitze da unten entspricht im umgekehrten Sinne der Phallusspitze da oben.

In diese verschlossene Kammer hat sich nur der Oberpriester am Ende eines Seils wie ein Eimer in die Tiefe eines Brunnens hinuntergelassen.

Man läßt ihn jährlich einmal, um Mitternacht, im Gefolge seltsamer Riten, die dem körperlichen Geschlecht des Mannes ungeheure Bedeutung beimessen, da hinunter.

Dieses Dreieck umgab an seinen Rändern eine Art Wehrgang, der durch ein starkes Geländer abgesichert wurde. Und in diesen Wehrgang mündeten andere Kammern, die keinen Ausgang ins Tageslicht besaßen und in denen zu einer Zeit, die den griechischen oder römischen Saturnalien entspricht, sieben Tage lang schreckliche Metzeleien im Gange waren.

Ich komme jetzt auf Heliogabal zurück, der jung ist und sein Leben genießt. – Ab und zu kleidet man ihn an. Man stellt ihn auf die Stufen des Tempels, läßt ihn Riten vollziehen, die sein Gehirn nicht fassen kann.

Beim Gottesdienst trägt er sechshundert Amulette, die seinen Körper in Bereiche einteilen. Er wandelt um Altäre, die den Göttern und Göttinnen geweiht sind; er macht sich die Rhythmen, Gesänge, Düfte und vielfältigen Vorstellungen ganz zu eigen; – und es kommt der Tag, wo all das zusammenschießt, wo das Sonnenblut als Tau in seinen Kopf aufsteigt und jeder Tropfen Sonnentau eine Energie und eine Idee wird.

Man macht es sich wirklich zu leicht, wenn man behauptet, Julia Moesa, die Maus oder der Schwefel, habe die ganze Intrige, die Heliogabal den Thron der römischen Cäsaren einbringen sollte, in die Wege geleitet. Indessen hatten alle, die im Leben etwas geworden sind und von sich reden gemacht haben, selber etwas vorzuweisen; und wem es, wie Heliogabal, gelungen ist, der Geschichtsschreibung zu mißfallen, muß wohl im Besitz von Eigenschaften gewesen sein, die unter günstigen Umständen den Lauf der Geschichte hätten ändern können.

Julia Moesa ist ihrer Schwester Domna insofern überlegen, als sie nie etwas für sich selbst erstrebt hat; sie hat den römischen Thron oder den Sonnenthron der Bassianiden nie mit ihrer kleinen Person verwechselt und hat es fertiggebracht, von ihrer Person abzusehen.

Von Macrinus nach Emesa zurückbeordert, läßt sie sowohl den von Julia Domna gehorteten Reichsschatz als auch den irgendwo in Antiocheia verschimmelnden Schatz des syrischen Priesterstaates dorthin überführen; und sie bringt all das im Tempel unter, den man allgemein für unverletzlich und heilig hält.

Wie eine Maus erledigt sie ihre Mäusearbeit, umkreist die Dinge ununterbrochen. Sie dopt, sie speist insgeheim Heliogabals Ruhm, speist ihn in jeder Hinsicht und mit allen möglichen Mitteln. Und es kommt ihr nicht darauf an, was das für Mittel sind.

Zu diesem Sockel, den sie unter die geheiligte Statue des jungen Fürsten schiebt, trägt Heliogabals Schönheit bei, aber auch Heliogabals verblüffende Intelligenz und frühreife Entwicklung.

Heliogabal hat früh Sinn für die Einheit gehabt, die die Grundlage aller Mythen, aller Namen bildet; und sein Entschluß, sich Elagabalus zu nennen, und die Hartnäckigkeit, mit der er seine Familie und seinen Namen in Vergessenheit brachte und sich mit ihrem Schutzgott identifizierte, ist ein erster Beweis seines magischen Monotheismus, der nicht nur verbal, sondern im Handeln besteht.

Diesen Monotheismus setzt er später in die Tat um. Und diesen Monotheismus, diese umfassende Einheit, die den Eigensinn und die Vielheit der Dinge einschränkt, nenne ich Anarchie.
Sinn für die völlige Einheit der Dinge haben, heißt Sinn für Anarchie haben, – und für die Anstrengung, die unternommen werden muß, um die Dinge zu reduzieren und in die Einheit zurückzuführen. Wer Sinn hat für die Einheit, hat auch Sinn für die Vielheit der Dinge, für diesen Staub von Aspekten, durch die man hindurchgehen muß, um sie zu reduzieren und zu zerstören.
Und Heliogabal befindet sich als König auf dem bestmöglichen Platz, um die menschliche Vielheit zu reduzieren und durch Blut, Grausamkeit und Krieg bis zum Gefühl der Einheit zurückzuführen.

II
DER KRIEG DER PRINZIPIEN

Sieht man sich das heutige Syrien mit seinen Bergen, seinem Meer, seinem Fluß, seinen Städten und seinen Schreien an, so scheint ihm etwas Wesentliches zu fehlen; wie nämlich der pochende, vor Leben strotzende Eiter dem ausgedrückten Abszeß fehlt. Etwas Schreckliches, Strotzendes, Hartes und, wenn man so will, Abscheuliches hat jäh, mit einem Schlag, wie ein Sack voller Luft platzt, wie sich das donnernde »Fiat« Gottes in Wirbeln verflüchtigt, wie eine Dunstspirale in den Strahlen der treulosen Sonne sich auflöst, die Atmosphäre und die zerfressenen Stadtmauern auf Nimmerwiedersehen verlassen.
Während die Religion des Ichthys, des heimtückischen Fisches, im Augenblick des Todes ihren Weg durch die schuldigen Teile des Körpers mit Kreuzen markiert, preist die Religion des Elagabalus das gefährliche Wirken des düsteren Gliedes, des Zeugungsorganes.
Zwischen dem Schrei des sich kastrierenden Gallus, der durch die Stadt läuft und sein stocksteifes, erigiert abgetrenntes Geschlecht schwenkt, und dem Belfern des Orakels, das am Ufer der heiligen Fischteiche röhrt, ersteht eine bestrickende, feierliche Harmonie mit mystischem Grundton. Ein Akkord nicht aus Tönen, ein versteinernder Akkord aus Dingen, der zeigt, daß in Syrien, kurz vor Helio-

gabals Erscheinen und noch einige Jahrhunderte nach ihm, noch bis zur Kreuzigung des rot bemalten Leichnams des römischen Kaisers Valerianus am Giebel des Tempels von Palmyra, der schwarze Kult sich nicht gescheut hat, die männliche Sonne seine Reize sehen zu lassen und sie zum Komplizen seiner traurigen Wirksamkeit zu machen.

Was besagt diese Sonnenreligion in Emesa, für deren Verbreitung Heliogabal letztlich sein Leben geopfert hat, worin besteht sie eigentlich?

Nicht genug, daß die Ruinen in der Wüste noch nach Mensch riechen, daß da noch ein Menstruationshauch durch die männlichen Wirbelstürme des Himmels zieht; nicht genug, daß der ewige Kampf des Mannes und der Frau durch ausgewaschene Steinkanäle, durch von der Luft überhitzte Säulen streicht.

Jene betäubende magische Unterredung, die den Himmel der Erde und den Mond der Sonne entgegensetzt und die, wenn sie nicht mehr geführt wird in der rituellen Stimmung der Feste, durch die Religion des Ichthys, des Fisches, erstorben ist, steht am Ursprung unserer heutigen Trägheit.

Soll man doch aus der Ferne die blutbesprengten Taurobolien mißbilligen, denen die Anhänger des Mithraskultes auf einer gleichsam mystischen, nie überschrittenen Linie, die vom iranischen Hochland bis vor Roms geschlossene Stadtmauern reicht, huldigen; soll man sich doch vor Abscheu die Nase zuhalten im Dunstgemisch aus Blut, Sperma, Schweiß und Menstruation, das sich auch noch mit jenem Intimgeruch nach angegangenem Fleisch und ungewaschenem Geschlecht verbindet, der von den Menschenopfern aufsteigt; soll man doch schreien vor Ekel angesichts des sexuellen Kitzels der Frauen, die der Anblick eines soeben ausgerissenen Gliedes erregt; soll man doch den Wahnsinn eines Volkes in Trance verabscheuen, das den Gallen von den Häusern herunter, in die sie ihr Glied geworfen haben, unter Anrufung seiner Götter Frauenkleider über die Schultern wirft – man wird jedenfalls kaum behaupten können, in allen diesen Riten läge nicht eine Summe heftiger Geistigkeit, die solche blutigen Exzesse mehr als aufwiegt.

In der Religion Christi ein Mythos, ist der Himmel in Elagabals Religion zu Emesa Wirklichkeit, und zwar eine Wirklichkeit, die tätig ist wie die andere auch und gefährlich auf diese reagiert. Alle diese Riten vereinigen den Himmel, den Himmel oder was von ihm abfällt, Mann oder Frau, auf dem rituellen Stein unter dem Messer des Opferpriesters.

Denn es gibt Götter im Himmel, Götter, das heißt Kräfte, die darauf aus sind, sich herabzustürzen.

Die Kraft, die die Sprungwelle wieder auflädt, die das Meer am Mond trinken läßt und die Lava in den Eingeweiden der Vulkane hochtreibt; die Kraft, die Städte erschüttert und Wüsten ausdörrt; die unvorhersehbare rote Kraft, die die Gedanken in unseren Köpfen wie Verbrechen und die Verbrechen wie Läuse herumwimmeln läßt; die Kraft, die das Leben erhält, und diejenige, die es abtreibt: alle diese Kräfte sind echte Offenbarungen einer Energie, deren lastender Aspekt die Sonne ist.

Wer an den Göttern der antiken Religionen rüttelt und ihre Namen auf dem Boden seiner Kiepe mit einer Art Lumpensammlerspieß durcheinanderrührt, wer den Kopf verliert angesichts der vielfältigen Namen, wer von einem Land zum andern kutschiert, Ähnlichkeiten zwischen den Göttern und gemeinsame etymologische Wurzeln der Namen, aus denen die Götter bestehen, herausfindet und wer, nachdem er alle diese Namen sowie die Merkmale ihrer Kräfte und die Bedeutung ihrer Attribute geprüft hat, gegen den Polytheismus der Alten, die er aus diesem Grunde Barbaren nennt, zu Felde zieht, der ist selber ein Barbar, das heißt ein Europäer.

Wenn die Völker im Laufe der Zeit die Götter immer wieder nach ihrem Bilde geschaffen haben, wenn sie die phosphoreszierende Idee von Göttern ausgelöscht haben und sich, bei den Namen angefangen, in die sie sie einsperrten, als unfähig erwiesen haben, sich mit Hilfe konzentrischer Berührungen von Kräften, mit Hilfe angewandter, konkreter Magnetisie-

rung der Energie wieder bis zur uranfänglichen Entladung, bis zur Offenbarung des Prinzips, dem diese Götter Ausdruck geben wollen, aufzuschwingen, so muß man im jeweiligen geschichtlichen Fall diesen Völkern die Schuld beimessen und nicht den Prinzipien und schon gar nicht jener erhabenen und umfassenden Idee der Welt, die uns das Heidentum hat wiederbringen wollen. Und da Ideen im Grunde nur ihrer Form nach zu beurteilen sind, kann man sagen, daß, zeitlich gesehen, das vielfältige Ausspinnen von Mythen, dem in den vollgestopften Kellergeschossen der Sonnentempel die sedimentäre Schichtung der Götter entspricht, ebensowenig geeignet ist, uns einen Begriff von der überwältigenden kosmischen Überlieferung zu geben, die am Anfang der heidnischen Welt steht, wie die Tänze orientalischer Schmierenkomödianten und die Gaukelkünste der Fakire, die sich auf europäischen Bühnen produzieren, uns den Geist der Befreiung ohne Bilder oder die geheimnisvolle Erschütterung durch Bilder vermitteln können, die von einer wahrhaft sakralen Gebärde ausgeht.
Heilig ist jener Geist, der unentwegt an den Prinzipien festhält, mit einer dunklen Identifikationskraft, die der Sexualität gleicht, – der Sexualität auf einer Ebene, die unserem organischen Geist, unserem durch plumpen Fall in die Dichte blockierten Geist am nächsten liegt. Wobei ich mich frage, ob dieser Fall

die Sünde darstellt. Denn auf der Ebene, wo die Dinge sich erheben, heißt diese Identifikation Liebe, deren eine Form die umfassende Barmherzigkeit ist und deren andere, schrecklichere, zur Opferung der Seele wird, das heißt zum Tod der Individualität.

All die Kämpfe von Gott zu Gott und von Kraft zu Kraft, wobei die Götter spüren, wie ihnen die angeblich von ihnen gesteuerten Kräfte unter der Hand zersplittern; diese Scheidung von Kraft und Gott, wobei Gott nur noch eine Art Wort ist, das fällt, ein dem häßlichsten Götzendienst geweihtes Bildnis; dieses seismische Geräusch, dieses stoffliche Beben des Himmels; die Art und Weise, den Himmel am Himmel und die Erde an die Erde festzunageln; diese Häuser und Bereiche des Himmels, die von Hand zu Hand und von Kopf zu Kopf gehen, wobei heute jeder in seinem Kopf seinerseits seine Götter umgestaltet; diese vorläufige Besetzung des Himmels, hier durch einen Gott und seinen Zorn, und dort durch den nämlichen, verwandelten Gott; die Inbesitznahme von Kräften, die wie in einem unablässig zuckenden Krampf von unten herauf und von oben herab weitere Inbesitznahmen von Kräften auslösen; diese Atmung kosmischer Fähigkeiten, die auf höherer Ebene den verschütteten, ungestalten Fähigkeiten gleichen, die in unseren abgetrennten Individuen schlummern – und jeder Fähigkeit entspricht ein Gott und eine Kraft, und wir sind der

Himmel auf Erden, und sie sind irdisch geworden, sind Erde geworden, die sich ins Absolute zurückgezogen hat; – diese gewittrige Unbeständigkeit des Himmels, die wir Heidentum nennen, die uns manchmal blendet und deren Wahrheiten uns peinigen: wir selbst, unser christliches Europa, die Geschichtsschreibung, haben sie fabriziert.

Wenn wir diese Entfaltung zahlloser Götter, die die Völker im Laufe der Geschichte allmählich im Himmel ansiedeln, wieder in ihre Zeit einordnen – und oft nehmen Bildnisse gegensätzlicher Natur denselben Platz im sichtbaren Himmel ein, und diese Götter sind Mann und Frau, und der weibliche Gott überdeckt das männliche Bildnis des Gottes, der derselbe ist wie er; und Ischtar, ein ursprünglich männlicher Name, bezeichnet schließlich den Mond, und der Mond, der zum gleichen Zeitpunkt, an der gleichen Stelle des Raumes mit Phallus und κτεις verunklärt ist, liebt sich selbst und schüttet seinen Kindersegen aus –, wenn wir diesen Leerlauf um die Prinzipien wieder in seine Zeit einordnen, so hat er mit ihrer ursprünglichen Gültigkeit ebensowenig zu tun wie die Masturbation eines onanierenden Idioten mit dem Zeugungsprinzip.

Wenn die Völker ihre Götter schließlich als wirklich losgelöste Wesen betrachtet haben, wenn sie sich in der Bedeutung dieser Götter getäuscht haben, so muß erwähnt werden, daß jedes Volk für sich und zum gleichen Zeitpunkt, an der gleichen Stelle des Raumes stets versucht hat, ihre Kräfte hierarchisch zu ordnen, und daß im Falle, wo ein weiblicher Gott einen männlichen überdeckte und umgekehrt, im Kopf und im Herzen des Volkes, das über sich diese ihrer Natur nach widersprüchlichen Götter entwickelte, das Männliche das Männliche und das Weibliche das Weibliche war, ohne daß eine Inversion der Namen möglich gewesen wäre; ich meine, daß derselbe Name nie unmittelbar zwei Formen haben konnte, sofern man überhaupt Wert darauf legt, diese Formen als wirklich abgetrennte Wesenheiten zu betrachten; hingegen war derselbe Name oft die Kontamination zweier Formen, die wie geschaffen dafür schienen, sich gegenseitig zu verschlingen; und das Syrien zur Zeit Heliogabals hatte in höchstem Grade eine Vorstellung von dieser geheimnisvollen Verschmelzbarkeit.

Was die Heiden von uns unterscheidet, ist jene ungeheure, am Ursprung all ihrer Glaubensformen unternommene Anstrengung, nicht vom Menschen aus zu denken, um die Verbindung mit der ganzen Schöpfung, das heißt mit der Gottheit, zu erhalten.
Ich bin mir allerdings darüber im klaren, daß der kleinste Aufschwung wahrer Liebe uns Gott wieder viel näherbringt als alles Wissen von der Schöpfung und ihren Stufen.

Doch die Liebe, die eine Kraft ist, regt sich nicht ohne Willen. Man liebt nicht ohne Willen, der übers Bewußtsein geht; – das Bewußtsein der Scheidung, der wir zugestimmt haben, bewegt uns zur Loslösung von den Dingen und führt uns zur Einheit Gottes zurück. Zur Liebe findet man zuerst durchs Bewußtsein, dann erst durch die Kraft der Liebe.
Doch in meines Vaters Hause sind viele Wohnungen. Und wer mit dem Bewußtsein eines Idioten in diese Welt gesetzt wird, nach weiß der Himmel welchen in andern Zuständen oder Welten begangenen Taten und Sünden, die ihm seine Idiotie eingebracht haben; doch mit gerade soviel Bewußtsein, als er braucht, um lieben zu können, lieben zu können im Zustand einer unbedingten Loslösung, eines wunderbaren, spontanen Aufschwunges; wem alles, was die Welt darstellt, entgeht, wer von der Liebe nur die Flamme kennt, die Flamme ohne die Ausstrahlung, ohne die Vielheit des Herdes, wird weniger haben als jener andere neben ihm, dessen Hirn wieder zur Schöpfung als Ganzem zurückkehrt und für den die Liebe eine gründliche, grauenhafte Ablösung ist.
Indessen hat er – immer wieder die Geschichte mit dem Fingerhut –, soviel er aufnehmen kann. Er wird ein begrenztes Glück genießen, aber auch ihm wird es das Gefühl der Unendlichkeit schenken, erfüllt es doch, was er fassen kann.
Bis zu dem Tage, da dieser Arme im Geiste wie

alle andern Dinge hinweggefegt werden wird. Da wird ihm seine Unendlichkeit genommen. Da wird über uns alle, groß oder klein, je nach unserem Garten der Lüste zu Gericht gesessen werden, je nach dem Glück, das nicht alles ist, ich meine, das nicht das Große Alles, das heißt Nichts ist. Da werden wir verschmolzen, eingeschmolzen werden zum Einen, All-Einen, zum großen kosmischen Einen, an dessen Stelle bald die unendliche Null Gottes rücken wird.

Nach alledem komme ich auf die widersprüchlichen Namen der Götter zurück. Und ich nenne diese Götter Namen; ich nenne sie nicht Götter. Diese Namen bezeichneten meiner Meinung nach Kräfte, Seinsweisen, Modalitäten der großen Seinskraft, die sich zu Prinzipien, Wesenheiten, Substanzen, Elementen abwandelt. Die antiken Religionen waren von Anfang an bestrebt, einen Blick auf das Große Alles zu werfen. Sie haben seit der Entstehung der Elemente weder den Himmel vom Menschen geschieden noch den Menschen von der ganzen Schöpfung. Man kann sogar sagen, daß sie zu Anfang in bezug auf die Schöpfung hellsichtig waren.
Der Katholizismus hat die Tür zugeschlagen, wie vor ihm der Buddhismus sie zugeschlagen hatte. Beide haben willentlich und bewußt die Tür zugeschlagen und gesagt, wir bedürften des Wissens nicht.

Nun bin ich aber der Meinung, daß wir des Wissens bedürfen, daß wir sogar einzig und allein des Wissens bedürfen. Könnten wir lieben, auf einen Schlag lieben, wäre Wissen unnütz; doch unter der Einwirkung einer Art von tödlichem Gesetz, das sich aus Trägheit und Fülle der Schöpfung herleitet, haben wir verlernt, zu lieben. Wir stecken bis zum Hals in der Schöpfung, wir stecken in ihr drin mit all unseren Organen: den kräftigen und den feinen. Und es fällt schwer, auf der Stufenleiter der Organe wieder zu Gott emporzusteigen, wenn diese Organe uns in der Welt, in der wir sind, festhalten und uns von deren ausschließlicher Wirklichkeit zu überzeugen suchen. Das Absolute ist eine Abstraktion, und die Abstraktion erfordert eine Kraft, die dem Zustand unserer menschlichen Degeneration widerspricht.

Was Wunder also, daß die Heiden schließlich Götzendiener geworden sind, daß sie die Bildnisse mit Prinzipien verwechselt und die Anziehungskraft der Prinzipien mit der Zeit aus den Augen verloren haben.

Handeln wir Christen etwa anders? Haben nicht auch wir unsere Bildnisse, unsere Totems, unsere Bruchstücke von Gott, die im Kopf und im Herzen der Individuen, die sie anbeten, schließlich ebenso feste Formen annehmen, sich in eine Vielheit von Göttern scheiden?

Eine benannte Sache ist eine tote Sache, und

sie ist tot, weil sie abgetrennt ist. Allzuviel Andacht vor Dornenkronen, Kreuzsplittern, vor Herzen Jesus, die da und dort verehrt werden, vor Blut und Salböl sowie allen möglichen Jungfrauen, die letztlich, ob schwarz, weiß, gelb oder rot, ebensovielen getrennten Anbetungen entsprechen und für die Individuen, die sich ihnen überlassen, die gleiche geistige Gefahr, den gleichen drohenden Sündenfall in unheilbare Götzendienerei darstellen wie die Verfälschungen der schöpferischen Energie im Mysterium der heidnischen Götter.

Gott wird im Bewußtsein, nicht im kosmischen Bewußtsein, sondern im Bewußtsein der Individuen gedacht, und was das Bewußtsein angeht, das in Bildern und Formen denkt, so wird kaum jemand zu finden sein, der schließlich seine Bilder nicht für sein Denken hält.

Das christliche Dogma ist im Credo enthalten, meinetwegen, doch zwischen dem Credo und meinem individuellen Bewußtsein liegt eine Welt von Deutungen, Bibliotheken über Heilige, Ketzereien und Konzile. Nur die Hölle ist sich stets gleich geblieben.

Übrigens öffnet der Katholizismus, der die Tür zur Erkenntnis zuschlägt, die Tür zum Mystischen. Durch ihn ist geheim geworden, was geheim sein soll. Er bezeichnet dasjenige, was den antiken Initiationen zugrundeliegt, mit einem härteren Namen. Doch das Endergebnis ist trotz der Unterschiede in Vokabular und Auffassung dasselbe.

Indessen schließt Liebe Erkenntnis ein; und ich bezweifle, ob es den christlichen Heiligen, die bei lebendigem Leibe verbrannt worden sind, verzückt bis zum Gipfel ihres Seins, bis zum Taumel des Nicht-mehr-Seins, jemals gelungen ist, jenen schrecklichen Einschnitt zu überschreiten, wo alles Seiende sich zusammenzieht und im Nichtsein zugrundegeht.

Ich komme wieder auf die Götter zurück, auf jene verheerenden Götter, die sich wie Krabben in einem Korb gegenseitig auffressen.
Es ist eine erregende Feststellung, daß ein Kult sich von den Göttern ein um so schrecklicheres Bild macht, je älter er ist, und daß wir die Götter nur auf Grund ihrer Schrecklichkeit begreifen.
Denn die Götter haben nur Geltung für die Genesis und die Schlacht im Chaos.
In der Materie sind keine Götter. Wo Gleichgewicht herrscht, sind keine Götter. Die Götter sind aus der Scheidung der Kräfte entstanden, und sie werden an ihrer Vereinigung sterben.
Je näher sie der Schöpfung sind, um so schrecklicher ist ihr Antlitz, ein Antlitz, das den Prinzipien entspricht, die es birgt.
Platon spricht vom Wesen der Götter, er setzt sie mit den Prinzipien gleich, wodurch jedoch kein klareres Bild dieser Prinzipien, die Kräfte sind, und dieser Kräfte, die Götter sind, entsteht.

Iamblichos wurde einst gefragt, ob er wisse, warum Sonne und Mond, die ja Götter sind, sichtbar seien; Götter hätten doch keinen Körper.

Und Iamblichos antwortet im *Buch der Mysterien* folgendermaßen:

»Die Götter sind nicht in den Himmelskörpern enthalten, sondern ihr göttliches Leben und Tun enthält die Himmelskörper; sie sind nicht den Himmelskörpern zugewandt, sondern die in den Göttern enthaltenen Himmelskörper sind der göttlichen Ursache zugewandt.«

Der gemeine Pöbel hat jene Götter geschaffen, die man uns an den Kopf wirft, und wenn wir jetzt noch fähig wären, Platon zu verstehen, wie er verstanden werden muß – um nur von jenen Autoren zu reden, die man in der Schule verfälscht –, so könnten wir über die antike Esoterik wieder zum Begriff göttlicher Prinzipien zurückgelangen, der jedoch nicht mit anthropomorphen Ausprägungen der Götter verwechselt werden darf.

Es geht einzig und allein um folgende Frage: Gibt es überhaupt Prinzipien? Ich meine abgetrennte Prinzipien, die hinter den Dingen existieren? Oder, anders ausgedrückt, haben die Götter mit heidnischen Namen eine weniger gesicherte und weniger gültige Existenz als die Prinzipien, mit deren Hilfe wir denken? Und diese Frage wirft eine andere auf:

Gibt es im menschlichen Geist wirklich abgetrennte Fähigkeiten?
Man kann sich übrigens fragen, ob ein Prinzip nicht nur eine simple verbale Hilfskonstruktion ist; was wiederum zu der Frage zurückführt, ob es außerhalb des denkenden Geistes etwas gibt und ob Prinzipien im Absoluten als Wirklichkeit oder als Wesen, die ihre Energie aufspalten, existieren.
Wie weit man immer zum Ursprung der Dinge zurückgeht: in welchem Maße verfallen Prinzipien, die wie abgetrennte Wirklichkeiten leben, nicht einem Spiel des Geistes um Prinzipien? Und liegen im Menschen selbst irgendwelche prinzipiellen Fähigkeiten mit einer gesonderten Existenz und dem Vermögen, abgetrennt zu leben?
Können Augenblicke der Ewigkeit festgehalten werden, wie man Musiknoten festhält und mit Hilfe von Zahlen wiederfindet? – und sind diese Noten abgetrennt?
Für die Alchimisten entsprechen diese festgehaltenen Augenblicke der Ewigkeit dem Auftauchen des Sterns im Schmelztiegel.
Ich halte diese Frage für unsinnig. Denn das Absolute braucht nichts. Weder Gott, noch Engel, noch Mensch, noch Geist, noch Prinzip, noch Materie, noch Stetigkeit.
Doch wenn in der Stetigkeit, in der Dauer, im Raum, im Himmel oben und in der Hölle unten die Prinzipien abgetrennt leben, so leben sie nicht als Prinzipien, sondern als bestimm-

te Organismen. Die schöpferische Energie ist ein Wort, aber es ermöglicht die Dinge, weckt sie mit seiner Feuerunterstützung. Und wie es in der erschaffenen Welt alle möglichen Stoffe gibt, alle Aspekte des Möglichen, Elemente, die man zählen kann und deren Dichte meßbar ist, so bildet der schöpferische Strom, der beim Kontakt mit den Dingen Feuer fängt – und jeder Feuerstoß des Lebens auf die Dinge kommt einem Gedanken gleich –, so bildet dieser Strom in geschlossenen, von unserer materiellen Schwerfälligkeit zu unwahrscheinlichster Subtilität sich entwickelnden Organismen das aus, was man Wesen nennt, die nichts anderes sind als Atemzüge innerhalb der Dauer.

Die Prinzipien haben nur für den denkenden Geist Geltung, und nur solange er denkt; außerhalb des denkenden Geistes hingegen reduziert sich ein Prinzip zu nichts.

Feuer, Wasser, Erde, Himmel werden nicht gedacht, sondern erkannt und benannt, denn sie sind; und unter dem Wasser, dem Feuer, der Erde oder dem Himmel, unter dem Quecksilber, dem Schwefel und dem Salz gibt es noch feinere Stoffe, die der Geist nicht benennen kann, da er nicht gelernt hat, sie zu erkennen, die aber etwas Subtileres als der Geist, etwas viel Tieferes als alles, was in unseren Köpfen ist, ahnt und auch erkennen wird, sobald es sie zu benennen vermag. Denn wenn die Prinzipien für den Geist gelten, so gelten die Dinge für die Dinge; und es gibt so wenig eine Grenze für die Subtilität der Dinge wie ein Hindernis für die Subtilität des Geistes.

Auf dem Gipfel der gebundenen Wesenheiten, die den zahllosen Modalitäten der Materie entsprechen, gibt es das, was bei den subtilen Wesenheiten, im heftigen vulkanischen Feuer den Zeugungsprinzipien der Dinge entspricht und was der denkende Geist Prinzipien nennen kann, die jedoch im Hinblick auf die brodelnde Gesamtheit der Wesen bewußten Willensstufen der Energie entsprechen.
Zwar gibt es kein Prinzip des subtilen Stoffes, kein Prinzip des Schwefels oder des Salzes, aber jenseits des Salzes, des Quecksilbers oder des Schwefels noch subtilere Stoffe, die bis zum Gipfel der organischen Schwingung über die Vielfalt des Geistes mittels der Dinge Rechenschaft ablegen; und sollte jemand verlangen, man solle ihm diese Dinge vor Augen führen, so gibt es nur die Zahlen, die über ihre abgetrennte Existenz Rechenschaft ablegen können.
Ich bin gewiß nicht für den Dualismus Geist-Materie; doch zwischen der These, die alles dem Geist, und derjenigen, die alles der Materie zuschreibt, gibt es meines Erachtens keine Versöhnung in einer Welt, wo der Geist nur etwas werden kann, wenn er sich dazu hergibt, stofflich zu werden.

Die Materie existiert nur *kraft* des Geistes und der Geist nur *in* der Materie. Doch letzten Endes bleibt stets der Geist überlegen.

Und es scheint mir jetzt nicht schwierig, die Frage, ob es Prinzipien gebe, die über die Dinge Rechenschaft ablegen können, dahingehend zu beantworten, daß es keine Prinzipien, wohl aber Dinge gibt; und wie es feste Dinge gibt, und in den festen das Seltene, Ansammlungen einzigartiger Materie, die die Idee des Vollkommenen vermitteln –, so gibt es auch Wesen, die über das Sein Rechenschaft ablegen, das aus der Einheit heraustritt.

Und all das gilt nur für diese Welt, die sich bläht und rauhe Stellen bekommt, und für den Blick des Geistes, den man inmitten der Dinge wirft – und im Augenblick, wo man ihn wirft. Doch wenn im Geiste nichts ist, liegt es auf der Hand, daß alles Seiende eine Funktion des Geistes ist. Und die Dinge sind Funktionen des Geistes. Sie sind von vorübergehender, funktioneller Nützlichkeit, die aber lediglich für das Geschaffene Geltung hat.

Alles existiert nur als Funktion, und alle Funktionen laufen auf eine hinaus; – sowohl die Leber, die die Haut gelb färbt, das Gehirn, das sich die Syphilis holt, der Darm, der den Dreck ausscheidet, der Blick, der sein Feuer da und dorthin sprüht, sie laufen für mich, wenn ich den Geist aufgebe, auf mein Bedauern hinaus, gelebt zu haben, und auf den Wunsch, mit dem Leben Schluß zu machen.

Übrigens kann man das gleiche zerstörerische oder vielmehr komprimierende Verfahren, das die zufälligen Aspekte der Dinge ausschaltet und diese in die Einheit zurückführt, beliebig anwenden. Und ich wende es auf die Zahlen an; denn für denjenigen, der anhand von Zahlen denkt, läuft auch das auf eine losgelöste Fähigkeit hinaus, die nur lebt, wenn sie losgelöst ist, und nur in dem Augenblick, wo man sie loslöst; doch man braucht die Dinge nicht zu addieren, um sich über ihre Dauer Rechenschaft abzulegen. Ich muß eine große geistige Anstrengung auf mich nehmen, um das Seiende im Hinblick auf Quantität ins Auge zu fassen oder vielmehr auf das, was man abtrennt und was berechenbar ist und schließlich eine verhängnisvolle Summe darstellt. Und man wende nicht ein, die Zahl im Sinne, wie Pythagoras sie auffaßt, lasse sich nicht auf Quantität, sondern im Gegenteil auf das Nichtvorhandensein von Quantität zurückführen. Und die geschriebene Ziffer in ihrem höchsten Sinn sei ein Symbol dessen, was man nicht berechnen oder messen könne.
Mir scheint, ich habe meinem Geist schon hinreichend schreckliche Aufenthalte in Bereichen, wo es Quantität nicht gibt, auferlegt, um mir davon zumindest eine Vorstellung zu machen. Doch ob man ihn berechnet oder nicht, der Zustand, der zur Scheidung der Prinzipien, ich meine der Bildnisse, führt, ist Gesetzen unterworfen, welche durch die Zahlen

vielleicht enthüllt werden können. Die Zahlen, also die Schwingungsgrade.

Die Zahl 12 bringt die Idee der Natur wieder auf den Punkt ihrer vollkommenen Ausdehnung und uneingeschränkten Reife, weil sie nämlich dreimal den ganzen Zyklus der Dinge enthält, den man durch die 4 darstellt; wobei 4 die Ziffer des Vollzugs im Abstrakten oder des Kreuzes im Kreis und der 4 Punkte oder Knoten der magnetischen Schwingung ist, durch welche Punkte alles, was ist, hindurchgehen muß; und 3 ist dieses Dreieck, das dreimal den Kreis anzieht, den Kreis, der die 4 enthält und durch die Dreizahl beherrscht, die der erste Modul, das erste Bildnis oder das erste Bild der Trennung von der Einheit ist.

Alle diese Zustände oder Knoten, alle diese Punkte, diese Grade der großen kosmischen Schwingung sind miteinander verbunden und erfordern einander.

Doch während die reine, abstrakte 3 im Prinzip verharrt, fällt allein die 4 in den Bereich des Wahrnehmbaren, wo die Seele kreist, und die 12 in die Wirklichkeit, die man mit Füßen tritt und wo man sich mit leerem Magen um sein Brot schlagen muß.

Denn wenn die 12 den Krieg zwar in den Bereich der Möglichkeit rückt, so entfacht sie ihn doch nicht, sie ist die Möglichkeit des Krieges, die Tantalisierung des Krieges ohne

Krieg, auch spielt die 12 im Falle des Tantalos eine Rolle, in dieser Darstellung ausgewogener, doch feindlicher, weil des Gegensatzes fähiger Kräfte, die sich noch nicht verzehren können.

Der Krieg der Bildnisse, Darstellungen oder Prinzipien, hinter deren mythischer Fassade tätige Magie steckt, ist die einzige Erklärung der antiken Welt, die Hand und Fuß hat. Er zeigt deutlich das Wesen ihrer Anliegen auf.

Und dieser Krieg aus der Höhe herab findet sein Abbild im Fleische. Er hat sich zumindest einmal im Fleisch verkörpert; er hat zumindest ein einziges Mal gewaltig und lange die Ordnung der menschlichen Verhältnisse durch unsühnbare Kämpfe zerrüttet, bei denen die Menschen, die sich schlugen, wußten, warum sie sich schlugen.
Er hat zwei aufeinandergehetzt, aber nicht zwei Nationen, nicht zwei Völker, nicht zwei Kulturen, sondern zwei Hauptrassen, zwei Bilder des fleischgewordenen Geistes, der sich mit dem Fleisch schlägt.
Und dieser Krieg des mit sich selbst im Streite liegenden Geistes, der sich den *Puranen* zufolge über den Zeitraum mehrerer zusammenhängender Kulturen erstreckt hat, ist keine Legende, sondern Wirklichkeit. Er hat stattgefunden. Und alle Prinzipien, jedes mit seiner Energie und seinen Kräften, haben dar-

an teilgenommen. Und vor allem die beiden Prinzipien, von denen das kosmische Leben abhängt: das Männliche und das Weibliche.
Ich will nichts über das Schisma des Irshu* berichten, obwohl es diesen Krieg verursacht hat, der den Mann auf die eine und die Frau auf die andere Seite gestellt hat; es hat den fleischlichen Wesen den Begriff ihrer höheren Erbschaft zurückgegeben; es hat die Sonne vom Mond, das Feuer vom Wasser, die Luft von der Erde, das Silber vom Kupfer und den Himmel von der Hölle geschieden. Denn die Idee der metaphysischen Konstitution des Menschen, einer idealen, sublimen Hierarchie von Zuständen, in die uns der Tod schleudert, um uns in die Abwesenheit jeglichen Zustandes, in eine Art unfaßbares Nicht-Sein zurückzuführen, das mit dem Nichts nichts zu tun hat, gründet auf der Scheidung des Geistes in zwei Seinsweisen, die männliche und die weibliche, wobei sich die Frage stellt, welche das Prinzip der andern ist, welche die Geburt der andern bewirkt hat, welche männlich und welche weiblich, aktiv und passiv ist.
Offenbar haben diese beiden Prinzipien zuerst ganz allein und über die ahnungslosen, sich bekämpfenden Menschenmengen hinweg miteinander abrechnen wollen.
Doch der Krieg ist erst wütend, erst wirklich unsühnbar und erbarmungslos geworden an dem Tage, wo er ein Religionskrieg geworden

* Anhang 1

ist und die Menschen sich der Unordnung der Prinzipien, die ihrer Anarchie vorstand, bewußt geworden sind.

Um Schluß zu machen mit dieser Scheidung der Prinzipien, um ihren wesenhaften Gegensatz abzubauen, haben sie zu den Waffen gegriffen, sind sie in der Überzeugung übereinander hergefallen, daß nur durch einen Abbau fleischlicher Materie diese Einsetzung von Wesenheiten im Himmel, die einzig durch Blut erlangt wird, aufgewogen und ihre Verschmelzung herbeigeführt werden könne.

Dieser ganze Krieg ist in der Sonnenreligion enthalten, und man findet ihn auf blutiger, aber magischer Ebene in der Sonnenreligion, wie sie in Emesa* ausgeübt wurde; und wenn er auch seit Jahrhunderten keine Soldaten mehr aufeinanderhetzt, so folgt doch Heliogabal auf der magischen Linie der besprengten Taurobolien, die er mit physischer Grausamkeit, Theater, Poesie und richtigem Blut nachziehen wird, seiner Spur.

Wenn die Historiker, die sich bei Heliogabals Schandtaten aufhalten, weil deren anekdotische Beschreibung ihrem Hang zum Schwelgen und ihrer Neigung zur Bequemlichkeit entgegenkommt, stattdessen wirklich versucht hätten, ihn zu verstehen – so hätten sie den Ursprung seiner Exzesse, Verrücktheiten und seiner erhabenen, mystischen Schwelgerei, bei der die Götter als Koadjutoren und

* Anhang 2

Zeugen mitwirken, auf höherer Ebene als in seiner persönlichen Psychologie gesucht, nämlich in der Sonnenreligion. Sie hätten vor allem eine Einzelheit verzeichnet, die Sonnentiara mit dem Skander- oder Widderhorn, die Heliogabal zum Nachfolger Rams auf Erden und Respondenten seiner wunderbaren mythologischen Odyssee macht. Dann hätten sie Daseinsgrund und Ursprung dieser unglaublichen Vermischung der Kulte: Mond, Sonne, Mann und Frau, deren lebendige Verkörperung und verblüffende Geographie Syrien darstellt, verstanden.

Ob man an eine Rasse Übermenschlicher Lehrer, die zum Zeitpunkt der ersten Erdabsenkung vom Pol her gekommen sind, offenbar ihrer Gleitbewegung folgen und nach Indien vorstoßen, glaubt oder nicht, man kann nicht in Abrede stellen, daß tief in vorgeschichtlicher Zeit ein Volk weißer Rasse in Indien eingedrungen sein muß, das Insignien, Riten und seltsame heilige Gegenstände wie übernatürliche Waffen über sich aufpflanzt.

Offenbar haben die Anhänger des Weißen, das heißt des Männlichen, den eroberten Raum schließlich behaupten können, doch während sie ihn behaupten, geht ihnen der Begriff des unverletzlichen und einzigen Prinzips verloren, den sie den Einwohnern Pallisthans enthüllen wollten.

Die *Weden* bezeugen in einem geheimnisvollen Text diese Verfälschung des Prinzips:

»NUR EIN PAAR SCHWARZE, EIN PAAR ROTE UND EIN PAAR GELBE BLIEBEN, DIE SÖHNE DES WEISSEN LICHTES ABER WAREN FÜR IMMER GEGANGEN.«

Und während die Anhänger des Weißen, die Hindus, weiterhin über Indien herrschen, das sie dem Gesetz des Himmels getreu unter dem von Ram hinterlassenen Zeichen des Widders ordnen, suchen die »Pinksahs«, die »Roten«, die die Menstruation der Frau verzehren, deren Farbe sie zu ihrer Fahne gemacht haben, da unten in der Ferne ein Land auf, das ihnen gemäß ist, und unter dem Namen Phönizier weben sie an den Meeresufern einen unveränderlichen Purpurstoff, der weniger ein Zeichen ihres blühenden Gewerbes als ihres beständigen Glaubens ist.

Ohne einen Krieg um die Prinzipien hätte sich die Religion der Sonne, die derjenigen des Mondes zunächst feindlich war, nie der Gefahr ausgesetzt, sich bis zur unauflösbaren Verschmelzung mit dieser zu vermischen. Die Geschichte kann uns offenbar keine Auskunft darüber geben, kraft welchen Wunders ein von den Phöniziern, die die Frau vergöttert haben, abstammendes Volk dazu gekommen ist, dem Kult der Sonne, das heißt des Männlichen, auf seinem Grund und Boden einen Tempel zu bauen, der alle andern überragte.

Jedenfalls ist Heliogabal, der päderastische König, der Frau sein will, ein Priester des

Männlichen. Er verwirklicht in sich die Identität der Gegensätze, verwirklicht sie aber nicht schmerzlos, und der Ursprung seiner religiösen Päderastie ist nichts anderes denn ein hartnäckiger, abstrakter Kampf zwischen dem Männlichen und dem Weiblichen.

Es gibt zwar in allen Ländern, wo man unmittelbar mit den getrennten Kräften Gottes verbunden sein möchte, Tempel für die Sonne und andere, feindliche, für den Mond sowie Tempel für Sonne und Mond zugleich, doch nie, zu keinem Zeitpunkt der Geschichte trifft man auf so kleinem, von diesen Kämpfen erschütterten Raum wie in Syrien so häufig Tempel, wo das Männliche und das Weibliche sich gleichzeitig verschlingen, vermischen und ihre Fähigkeiten trennen.
Heliogabals Leben scheint mir das grundlegende Beispiel dieser Art von Zersetzung der Prinzipien zu sein; und ich habe, wie man im nächsten Kapitel sehen wird, das in ganzer Figur entworfene und zum höchsten Punkt der religiösen Besessenheit, der Verirrung und des hellsichtigen Wahnsinns getriebene Bild, das Bild aller menschlichen Widersprüche und des im Prinzip beruhenden Widerspruchs an ihm beschreiben wollen.

III
DIE ANARCHIE

Im Jahr 217 in Emesa ist Heliogabal noch nicht vierzehn, doch schon so vollkommen schön, wie ihn alle seine Statuen zeigen. Er hat die Rundungen einer Frau, ein wachsglattes Gesicht, Augen von der Farbe geschmolzenen Goldes. Man spürt, daß er nie von sehr hoher Gestalt sein wird, aber er ist mit seinen breiten, wenngleich wie bei den Ägyptern abfallenden Schultern, mit seinen schlanken Hüften und einem Hinterteil, das nicht im geringsten auslädt, bewundernswürdig proportioniert. Sein Haar spielt ins Rotblonde, und sein überaus weißes, blau geädertes Fleisch weist da und dort in Falten und Schatten seltsam aschfahle Stellen auf.

Im Profil gesehen, springen die Lippen leicht vor wie bei einem abgekappten Flaschenhals. Noch fehlt ihm jener wie die Haare einer blonden Pubis leicht gekräuselte Flaum unterm Kinn, den er im Louvre hat, und vor allem jener gemeine Mund, jener wie ein Loch geformte Saugmund.

Er ist ein Ephebe im Zenit seiner Schönheit, und er gedenkt daraus Nutzen zu ziehen.

Doch jenes über die Maßen Weibliche, jenes Gepräge der Venus, das sogar unter den Flammen, den Flammen der Sonnentiara sichtbar wird, die er jeden Morgen aufsetzt, verdankt er seiner Mutter; seiner Mutter, der Nutte, der Prostituierten, der Dirne, die immer nur darauf aus gewesen ist, sich den Mißhandlungen seitens des Mannes preiszugeben. Und wenn ich in bezug auf Julia Soemia von Mißhandlungen seitens des Mannes spreche, meine ich, daß Julia Soemia sich in ihrer Brunst nicht mit einer bloßen Annäherung der Epidermen begnügte, sondern sich auf Grund einer rituellen Vorstellung und aus Prinzip hingab, und zwar nicht den Männern, die scharf auf sie waren, sondern denjenigen ihrer Wahl.

»Sie lebte als Kurtisane«, sagt Lampridius, »außerstande, ihrem Gelüst zu widerstehen. Und alle, bis hin zum niedrigsten Sklaven, erröteten über ihre Ausschweifungen.«

Sie identifiziert sich mit Venus, dem feuchten Mond, dem lauen Weiblichen, der sich indessen nicht zum Schwarzen herabläßt. Im übrigen will ich nicht behaupten, diese rituelle Identifikation habe sie daran gehindert, sich ab und zu außerhalb des Prinzips hinzugeben.

Jedenfalls ist Julia Soemia in sexueller Hinsicht, was man ein »Prachtstück« nennt. Von den vier Julien ist sie körperlich die vollkommenste. Sie entspricht jenem Kanon der etwas fülligen weiblichen Schönheit, den Albrecht Dürer aufgestellt hat. Was besagt, daß in ihrer Physis Alchimie steckt, schon tausend Jahre vor der Alchimie.

Rund und fest, so tritt sie in ihren Statuen und

Münzen in Erscheinung, mit bernsteinfarbener, überdies goldgepuderter Haut, die immer von einem gewissen hellgrauen Dunst überschattet ist.

Ihr Wahrzeichen ist das Veilchen »Ioneh«, die Blume der Liebe und des Geschlechtes, weil sie sich wie ein Geschlecht entblättert. Und auf ihrer Schulter die Taube »Ionah«.

Wie Domna gibt sie sich dem hin, der ihr von Nutzen ist; und sie hat einen Spürsinn dafür, wer ihr nützen kann.

Vielmehr sind ihre Liebschaften, und das ist das Bemerkenswerte an ihrem Fall, Heliogabal von Nutzen, werden offenbar zum Ruhme Heliogabals, des Epheben, dem sie bis in den Tod folgen wird, ausgeheckt.

Ein antiker Geschichtsschreiber, nämlich Lampridius, räumt zwar ein, Heliogabal habe ihre Liebe erwidert, läßt sich indessen nicht zu der Behauptung herbei, Heliogabal sei ein guter Sohn, sondern gibt im Gegenteil zu verstehen, Heliogabals Liebe zu seiner Mutter habe etwas Inzestuöses und Julia Soemias Liebe zu ihrem Sohn einen Anflug sexueller Inversion.

»Er war Semiamira, seiner Mutter, so ergeben«, sagt Lampridius, »daß er nichts Amtliches anordnete, ohne sie um Rat zu fragen, während sie als Kurtisane lebte und sich im Palast allen möglichen Ausschweifungen überließ. Auch wurden wegen ihrer allgemein bekannten Beziehungen mit Antoninus

Caracallus verständlicherweise gewisse Zweifel hinsichtlich der Herkunft des Varius oder Heliogabal laut. Manche behaupten sogar, den Namen Varius habe er von seinen Mitschülern erhalten, weil er als Sohn einer Kurtisane aus der Vermischung mancherlei Geblütes hervorgegangen sei.«

In Julia Soemias Liebschaften, in ihrer Leichtfertigkeit und, wie man wohl sagen kann, sexuellen Haltlosigkeit, in diesem bunten Samengemisch herrscht Willen und Ordnung. Sogar Einheit, etwas wie eine rätselhafte, mit Grausamkeit versetzte Logik.

Vorerst Grausamkeit gegen sich selbst:

»Kaum war Moesa, eine bis zum Exzeß ehrgeizige Frau, die entschlossen war, eher alles aufs Spiel zu setzen, als im Dunkel des Privatlebens zu verharren, von diesem Wohlwollen (der Soldaten für Heliogabal) verständigt worden, so schickte sie sich an, daraus Nutzen zu ziehen. Zuerst setzte sie das Gerücht in Umlauf, der junge Heliogabal sei nicht nur mit Caracalla verwandt, sondern sein Sohn; und sie behauptete ohne die mindesten Bedenken, ihre Tochter dadurch zu entehren, diese habe mit dem besagten Kaiser eine Liebschaft gehabt und habe ihm jede Gunst erwiesen. Und das war ein Motiv, das die Soldaten sehr beeindruckte.«

Soemia begehrt nicht etwa auf, sondern macht sich bei der Enthüllung ihres Ehebruches zur Komplizin und Verbündeten ihrer Mutter.

Was für jede andere Frau ein Beweis ihrer Schande wäre, rechnet sie sich zur Ehre an. Auf diese Schande, auf diese Entehrung erhebt sie Anspruch: Jawohl, sie hat Caracalla geliebt, jawohl, sie hat sich Caracalla hingegeben. Sie posaunt es überallhin aus und nennt das genaue Datum. Und sie stellt zur Überprüfung dieses Datums alle wünschenswerten Anhaltspunkte zur Verfügung. Es geschah im Jahre 203 in Rom, als sie noch nicht verwitwet war, und zwar in Caracallas Palast, ja sogar in Caracallas Schlafzimmer. Jawohl, dieser Krieger hat sie erobert: er ist in der Tat Heliogabals Vater.

Und für die Soldaten, die ihr Lager in Emesa aufgeschlagen haben und Caracalla abgöttisch verehren, ist Heliogabal ein König nach ihrem Geschmack, stammt er doch in der Tat vom Reitergott ab. Er ist wirklich und wahrhaftig der Sohn eines Kriegers.

Man läßt die Soldaten diesen Krieger sehen. Während Soemia seine Herkunft sicherstellt und den Beweis seiner edlen Abkunft erbringt, schafft ihn Julia Moesa wie eine Mumie, wie einen Reliquienschrein zu den Soldaten, wie man den in Saintes-Maries-de-la-Mer in der Provence versammelten Zigeunern einen erhaltenen Arm der Maria von Ägypten oder die Köpfe der beiden andern Marien vorzeigt.

*

* *

Um den Tempel von Emesa herum ist ein geheimnisvolles Hin und Her im Gange. Julia Moesa hat die Geister erhitzt. Die Keller des Tempels sind vollgepfropft mit purem Gold, römischem Gold, das Domna nach Antiocheia geschafft und Moesa aus dem winzigen Tempel von Antiocheia, der da unten ganz am Ende seiner langen Straße schließlich verfällt, in den Tempel von Emesa überführt hat, der allein auf seinem kleinen Hügel steht, von morgens bis abends von Geschrei und Musik überquillt und ab und zu aufglimmt wie Kohlenglut.

Der unterirdische Kreislauf, der Tag und Nacht die Habgier des großen Sonnengottes speiste, ist offenbar zutage getreten, ans Licht der Außenwelt gedrungen.

Durch den Aufmarsch von Truppen unter Befehl des Macrinus bleibt unbemerkt, was den Herrn der Stunde an diesem ungewöhnlichen Verkehr beunruhigen könnte.

Die Wagenkolonnen mit Gold strömen im Gefolge einer seltsamen Volksmenge unaufhörlich dem Tempel entgegen.

In dieser Volksmenge sticht ein Mann aus allen anderen heraus: groß und finster, mit gelenkigen Hüften und glänzendem Bruststchild, trägt er unter dem Gürtel das Zeichen einer neuen, ganz frischen Grausamkeit, die ihm Julia Soemia angetan hat.

Gannys, Julia Soemias Geliebter, Heliogabals Erzieher, hat soeben die rituelle Kastration

erlitten. Unter dem gebräunten Fleisch seines Gesichtes treten feine, durch starken Blutverlust verursachte Äderungen hervor.
Gannys ist ein gottesfürchtiger Mann, ein Initiierter des Sonnenpriesterstaates, und es ist für diesen Initiierten eine große Ehre, mit der Mutter des Sonnengottes zu schlafen. Soemia hat ihm jedoch mit berechneter Grausamkeit das Glied abtrennen lassen. Darin drückt sich nicht allein ihre Eifersucht aus, sondern auch der Wunsch, in Gannys Geist einen unauslöschlichen Eindruck zu hinterlassen.
Außerdem ist Gannys Heliogabals Erzieher. Soemia hat in ihm einen schlauen Geist gewittert, eine praktische, scharfsinnige Intelligenz, die bei Bedarf in Erscheinung treten und ihnen, ihr selbst und ihrem Sohn, von Nutzen sein soll in den Verhältnissen, die sich anbahnen, wo man einen ganzen Mann braucht, ganz nicht kraft seiner Männlichkeit, die er verloren hat, sondern kraft seines Kopfes, um Elagabals Interessen, den Erigiblen Konus, der von einem Knaben vertreten wird, zu verteidigen.
Der ernste, schlaue Gannys wird von einem anderen Eunuchen gedoubelt, der gleichfalls Julia Soemias Gunst genossen und mit dem Verlust seines Gliedes dafür bezahlt hat. Dieser andere Eunuch, Eutychianus, ist ein weichlicher Hanswurst, ein formloses, anpassungsfähiges, auf niederträchtigste Weise

weibisches Geschöpf. Gannys ist auf ihn angewiesen wie Don Quijote auf Sancho Pansa und Don Juan auf Sganarell. Ja man kann sagen, daß Julia Soemia sich ihm aus Gründen des Gleichgewichts hingegeben hat; und weil sie das zutiefst Wandelbare, das Krampfartige, Ungreifbare in Heliogabals Geist spürte, der an seiner Seite als Gegengewicht zu Gannys' Ernst so etwas wie einen Witzbold vom Dienst braucht.

In Julia Soemias liebevollem Urteil, in ihrer aufreibenden, wachsamen Mutterschaft kommen alle diese Einsichten, kommt dieser weitblickende Scharfsinn, der selbst die geringsten Auswirkungen bedacht hat, klar zum Ausdruck.

Und man wird in der Folge sehen, daß ihr Urteil sie nicht getäuscht hat.

Julia Soemia hat mit ihren Liebschaften eine bestimmte Sache verfolgt, und das ist im Augenblick eine erfolgreiche Verschwörung.

An dieser Verschwörung sind die beiden Pole ihrer sexuellen Vielseitigkeit beteiligt:

GANNYS, DER SCHLAUE

EUTYCHIANUS, DER POSSENREISSER

sowie Julia Moesas heimliche Goldfuhren und Heliogabals tägliche Schaustellungen auf den Stufen des Tempels, an dessen Fuß sich unaufhörlich galoppierende Gruppen skythischer Reiter und makedonischer Söldner begegnen.

Tag für Tag steigt Elagabalus zum Tempel hinauf. Er trägt die Sonnentiara mit dem Widderhorn. Er läßt sich betrachten, über und über mit Amuletten, lebendigen Steinen und kostbarem Email bedeckt. All das funkelt wie Kohlenglut. Schön ist es, so schön, daß es diese Barbarenherzen betört, die nie einen brennenden König gesehen haben, nie eine Statue aus Menschenfleisch, die Flammen sprüht, ohne zu verbrennen.

Moesa weiß, wie man Begeisterung anheizt, sie läßt das Sonnengold in Hülle und Fülle, mit vollen Händen verteilen, doch wenn die Nacht hereingebrochen ist, steigt sie in die Kellergeschosse des Tempels hinunter und beaufsichtigt das Ordnen der Barren: sie etikettiert und rafft sie zusammen wie ein Verwalter oder Zöllner.

Ihr ganzes Leben lang hat Julia Moesa ihre gewissenhafte Vorsorge und weitblickende Klugheit, die die Dinge von langer Hand vorzubereiten versteht, unter Beweis gestellt.

Beispielsweise wenn sie Heliogabal in einem offenen Brief, der bis auf unsere Tage erhalten geblieben ist, wegen des Geldes, das er ausgibt, tadelt und ihm auseinandersetzt, es sei seine Pflicht, mit dem Familienbesitz sparsam umzugehen, denn es handle sich dabei um Geld, das nicht für ihn, sondern zum Ruhme der Bassianiden gehortet worden sei.

Das Dringlichste ist im Augenblick, den Thron zurückzuerobern, dessen Verlust Julia

Domnas Selbstmord verursacht hat, und diesen Schmarotzer, dieses gemeine Subjekt namens Macrinus zu verjagen, der sich durch Mord zum Herrscher über Rom aufgeworfen hat. So blutig er sich eingenistet hat, so blutig wird er vertrieben werden, wenn nötig durch Krieg; von kleinen, heimlichen Morden hält Julia Moesa nicht viel. Zwar scheut sie sich nicht vor unterirdischen Machenschaften, versteht sie sich doch auf Termitenarbeit, auf Minengänge, auf Vorstöße von unten. Aber diese Machenschaften müssen ihr nützen und zu etwas Großem führen. Denn wer eine Mine legt, weiß auch, daß alles mit Feuer endet, mit der großen Sonnenexplosion am hellichten Tage, die ganz und gar stofflich ist, die Stoffe gewaltsam herausreißt und alle unterirdischen Arbeiten auslöscht.

Es kommt also zu einer Verschwörung; und diese Verschwörung hat Julia Moesa schon sehr lange geplant.

Im Gegensatz zur überwältigenden, doch nur im Abstrakten wirkenden Klugheit ihrer Schwester Domna hält sich die von Moesa an die Tatsachen.

Die erste dieser Tatsachen ist jene absurde Aufteilung des Thrones beim Tode des Septimius Severus unter zwei ehrgeizige, wütende Tollköpfe: seine beiden Söhne Caracalla und Geta.

Ich wette, daß Heliogabals Weihe zum Son-

nenpriester im Alter von fünf Jahren nicht allzu lange nach dem Tod des Septimius Severus erfolgen sollte: Julia Moesa spürt recht wohl, woher der Wind weht.
Eine weitere Tatsache ist die Ernennung des Macrinus zum Präfekten der kaiserlichen Leibwache, bei der Julia Moesa ganz gewiß die Hand im Spiele hatte. Als Maus, die sie ist, hat sie seine feindliche Witterung schon seit langem ausgemacht; doch was tut's, sie wird die Feindseligkeit des Macrinus, dieses Schwächlings, zu benutzen wissen, und sei es um den Preis eines Verbrechens. Denn es gibt noch eine andere, grausamere, schwer einzugestehende Tatsache: Caracallas Ermordung, die Macrinus veranlaßt, Moesa jedoch gewünscht und, sofern man die Tatsachen zu deuten versteht, zweifellos suggeriert hat.
Julia Moesa muß jenen berechnenden, intriganten Scharfsinn besessen haben, der sein Gespinst bis zur Vollendung treibt und durch einen gleichsam magischen Vorgang sogar das Material des Gewebes hervorbringt.
Denn da gibt es eine letzte Tatsache: wenn Domna, eine Tochter der Bassianiden, regiert hat, und durch sie ein Bassianide, nämlich Caracalla, so ist das für Moesa nur indirektes Blut, das nicht aus ihrer eigenen Quelle fließt; auch ist es, obwohl aus dem gleichen Samen hervorgegangen, kein Sonnenblut, ich meine echtes Sonnenblut; es ist kein geweihtes, kein magnetisches Blut, das durch Riten wieder

ans Licht gerufen worden ist und sich unter der Epidermis ausbreitet, das sich in reinen, durchgefilterten und reinen Massen wieder in ihr sammelt, – das unter der Haut wieder rein wird wie Heliogabals Blut.

Heliogabal, der von der Sonne abstammt, ist der Sonne wieder dargebracht worden. Er hat den Bund mit der Sonne erneuert. Im Alter von fünf Jahren, kurz nach dem Tode des Septimius Severus, hat ihn Moesa der Sonne geweiht. Sie hat die reine Kadenz, seine eigentliche Herkunft wiederhergestellt, indem sie ihn, wie der Brauch es forderte, dem Kreuzfeuer des Himmlischen Strahles ausgesetzt hat, dessen Spiegel sein Körper geworden ist.

Heliogabal ist also mit fünf Jahren Sonnenpriester geworden, und darin liegt der Keim der Verschwörung.

Doch bevor ich fortfahre, muß ich ein Wort über jenen blutigen, grausamen Zeitabschnitt leichtfertiger Verbrechen sagen, der die Thronbesteigung eines Macrinus begünstigte.

*

* *

Nachdem Septimius Severus eines natürlichen Todes gestorben ist, regiert sein Sohn Caracalla. Er regiert zuerst nicht allein, da er die Macht mit Geta teilen muß, seinem Bruder, der zwar schlauer ist als er, aber nicht so geistesgegenwärtig.

Beide stört ihre gegenseitige Abhängigkeit;

und es geht nur darum, wer wen beseitigen wird, und sei es durch ein Verbrechen. Beide denken an Mord.

Der schlaue Geta zettelt eine Verschwörung an, doch Caracalla deckt sie auf und bringt seinen Bruder ohne Ränke in Julia Domnas Armen um.

Dion Cassius, den seine vorgefaßte politische Meinung in Harnisch bringt, beschuldigt Julia Domna, sie habe sich Caracalla noch im Blut ihres Sohnes Geta hingegeben. Das ist großartig. Aber stimmt es auch?

Es ist nicht unmöglich, daß es stimmt.

Jedenfalls nimmt Julia Domna, die eine Zeitlang vom Rat des Reiches ausgeschlossen war, von diesem Zeitpunkt an die Zügel der Regierung wieder in die Hand.

Und der Einfluß, den sie auf Caracallas Denken ausübt, läßt keinen Augenblick nach. Sie behält ihn bis zu Caracallas Tod.

Caracalla nimmt ein blutiges Ende. Er geht in eine Falle, die ihm irgendwo am Euphrat, in der Nähe eines Tempels des Gottes Lunus, dem er opfern wollte, von Militärs gestellt worden ist.

Diese Falle hat Macrinus gestellt, der eine Zeitlang Befehlshaber seiner Prätorianergarde gewesen ist; er zieht aus Caracallas Tod Gewinn.

Es muß schlecht bestellt sein um die Regierung des römischen Reiches, wenn ein Individuum, das sich in keiner Weise auszeichnet und einzig und allein seine Laune, seine Bösartigkeit und jene Verwegenheit vorzuweisen hat, die nichts weiter ist als Angst, sich mittels dieser Angst zum Herrn über Rom aufwerfen kann. Denn Macrinus, das steht fest, war überhaupt nur imstande, Caracalla ermorden zu lassen und die Intrige, die mit dessen Ermordung endete, anzuzetteln, weil die Angst ihn dazu trieb und weil er als Befehlshaber seiner Prätorianergarde eine Weile um Kopf und Kragen bangen mußte; und nachher läßt er, um sich abzusichern, den Gardeoffizier, der Caracalla mit einem Schwertstreich in den Rücken aus dem Weg räumt, umbringen.

Glücklicher Schwertstreich, der die Idee des Blutes aufbringt, die Reihe der Verbrechen eröffnet und Heliogabal den Weg zur Herrschaft bahnt. Denn Caracallas Verbrechen, die Ermordung seines Bruders Geta, ist eine Abrechnung im engsten Familienkreise; dieses Verbrechen leitet nichts ein.

An diesem Schwertstreich stirbt Domna, doch für ihre Schwester Moesa, die ihn wie ein echter Krieger einsteckt, geht er nicht fehl.

Sie wird sich an Macrinus rächen, sie wird den Streich, den man gegen die Ehre der Bassianiden geführt hat, mit Blut abwaschen. Sie wird die Bassianiden wieder auf den Thron der Antonine einsetzen.

Und außerdem beschließt sie, ihren Enkel Elagabalus zum König zu erheben.

Erstens besitzt er die Schönheit eines Königs, die äußere Erscheinung eines Königs, doch vor allem besitzt er auch die geistige Aszendenz eines echten Königs. Er gehört dem Geschlecht der Priesterkönige von Emesa an. So weit man die Genealogie der Sonnenkönige zurückverfolgt, findet man von der Mutter auf den Sohn eine ganze Reihe, die den Namen Elagabalus geführt haben; ihre Abstammung ist unanfechtbar: sie setzt sich ohne das leiseste Anzeichen einer Unterbrechung fort. Heliogabal hat Anrecht auf den Thron.
Man kann sagen, daß der Thron unbesetzt ist, da der Usurpator Macrinus sich in Antiocheia niedergelassen hat und dort das zügellose, leichtfertige Leben eines orientalischen Satrapen führt.
Die zeitgenössischen Geschichtsschreiber schildern ihn als eine Art finsteren Hanswurst oder Schwachsinnigen, der sich als König verkleidet hat.
Er war, so behaupten sie, aus plebejischem Hause und suchte sich, um seine niedrige Herkunft zu verheimlichen, hartnäckig das Benehmen eines Herrschers anzueignen. Er schritt in wallenden, sehr langen Gewändern in seinem Palast auf und ab, wobei er sich jeden Augenblick anders gab und in einem andern Tonfall sprach. Gingen ihm auch Geist und Scharfsinn eines Marcus Aurelius ab, sprach er doch wenigstens wie Marcus Aurelius stets mit einer so tiefen Baßstimme, daß

man den Eindruck hatte, sein heiseres Organ ersterbe.

Das ist der Kaspar, mit dem es Moesa im Augenblick, wo sie sich zum Handeln entschließt, zu tun hat; und sie handelt in der Überzeugung, daß das Wagestück, durch das sich dieser Hampelmann auf den Thron geschwungen hat, ein zweites Mal nicht gelingt, daß er, nachdem ihn zunächst einmal die Laune angekommen ist, sich des Thrones zu bemächtigen, die erforderliche Energie nicht aufbringen wird, ihn zu verteidigen.

Übrigens ist die ganze Amtsführung des Macrinus ein Wunder an Sorglosigkeit, Unvermögen und Überheblichkeit. Moesa kann vor seinen eigenen Augen sowohl ihre römischen wie die in Antiocheia gehorteten Schätze zusammenraffen und sie in den Kellergeschossen des Tempels von Emesa aufhäufen, wo niemand wagen sollte, sie anzutasten.

Sowie der Kriegsschatz in Sicherheit ist, gilt es, die Gemüter, das Terrain zu bearbeiten.

Hier nun tritt Gannys in Erscheinung.

Wirkt bei der Vorbereitung der Verschwörung Julia Moesa als planendes Gehirn, so Julia Soemia als Atmosphäre, Raum, Luft, genetischer Hintergrund und wollüstige Verkleidung; Gannys aber als wagemutiger Mann der Tat.

Gannys und jener Mann, der in dem Hin und Her von Nahrungsmitteln, Tieren, Menschen und blinkenden Goldziegeln in grobmaschiger Sackleinwand unter herumstapfenden Bewaffneten, die die heimliche Überführung des Schatzes abschirmen, aufgetaucht ist.

Eines Tages ist er mit einem blutigen Tuch zwischen den Schenkeln erschienen. Und an einem andern Tag hat sich auch Eutychianus mit einem blutigen Tuch gezeigt. Eutychianus mit der protzigen Stimme eines falschen Possenreißers, der den Hanswurst spielt und die Soldaten mit seinen Schnurren unterhält, um ihre Aufmerksamkeit abzulenken.

Während Eutychianus die Soldaten unterhält, spricht Gannys mit ihnen; und mit Moesas Gold, von dem er in Hülle und Fülle Gebrauch macht, spielt er ihnen schrecklich gezielte Worte zu, Worte, die ihren Zweck erfüllen.

Diese Worte sind schlau und gezielt. Bestrikkend und gut formuliert. Mit ihrer Hilfe dringt jenes Bild eines brennenden Königs durch die Augen der Soldaten in ihren Geist und von ihrem Geist in ihr ganzes Wesen ein; sie fordern diese Barbaren, denen bis jetzt keiner mit Schmeicheleien beigekommen ist, dazu auf, aus dem, was sie gesehen haben, was sie hingerissen hat, wirksame Konsequenzen zu ziehen. Und die ganze Erregung, die mit Gold ausbalanziert wird, ist eine Erregung, die man nicht vergessen kann.

Sowie das Terrain vorbereitet ist, sowie die Gemüter gründlich beackert und vorbereitet sind in der Art, wie man eine Leinwand, die bemalt werden soll, grundiert, so daß ihre Schichten nach Vollendung des Werkes durchscheinen, erachtet Julia Moesa den Zeitpunkt des Handelns für gekommen. Und sie handelt.

Eines Nachts, im Juni des Jahres 217 – den Stelen, Täfelchen, Steininschriften und der Inklination der Sternbilder zufolge 217, den zweifelhaften Texten der zeitgenössischen Geschichtsschreiber zufolge 216 – wird Heliogabal von Gannys im Purpurgewand ins Lager der Soldaten geleitet.

Doch wenn man den zeitgenössischen Geschichtsschreibern glauben will, ist Heliogabal lediglich eine Marionette, ein hohler Mumienkopf, eine schäbige Königsfigur. Und in Julia Moesas Händen, die sich durch die Prinzipien nicht irremachen läßt, die ihr Leben der Politik geweiht hat, ist Elagabalus nur ein Glied, das man über den Soldaten hin und her bewegt.

Die Geschichtsschreiber lassen, wenn es sein muß und so oft es sein muß, Heliogabals Persönlichkeit anhand dessen, was er als Herrscher vollbrachte, in Erscheinung treten. Ihnen zufolge ist jedoch diese Persönlichkeit nur einmal in Erscheinung getreten. Sie ist vor den Mauern von Emesa, in der Schlacht, die ihm das Königtum eingebracht hat, in Erscheinung getreten. Da sammelt der junge Heliogabal, der noch nicht vierzehn Jahre alt ist, an der Spitze von tausend skythischen Reitern die aufgelösten syrischen Truppen und sprengt, ohne sich der Gefahr bewußt zu sein, auf einem kleinen weißen Pferd den Kohorten des Macrinus entgegen!

»Die Prätorianer des Macrinus«, berichtet ein zeitgenössischer Geschichtsschreiber, »alles hervorragende Leute, die noch beweglicher, noch gewandter geworden waren, weil man sie von der Last der schwereren Teile ihrer Rüstung befreit hatte, fochten mit solcher Tapferkeit, daß sie die Reihen ihrer Feinde durchbrachen und allmählich Verwirrung unter ihnen anrichteten. In dieser Gefahr erwiesen sich Julia Moesa und Julia Soemia in ihrem Ehrgeiz und Wagemut als Heldinnen. Auch der junge Heliogabal zeigt bei dieser einzigartigen Gelegenheit seines Lebens ein gewisses Maß von Festigkeit. Auf einem Schlachtroß, das nackte Schwert in der Hand, feuerte er die seinen an, seinem Beispiel zu folgen und in den Kampf zurückzukehren. Sein Zureden tat volle Wirkung. Die Besiegten schämten sich und faßten wieder Mut.
Sie halten inne. Sie sammeln sich wieder. Sie sind standhaft und schicken sich an, den verlorenen Boden zurückzuerobern.«
Kein Wunder, daß dieser Zug sie verwundert und daß sie ihn anführen, denn er hat etwas Militärisches an sich, und Heliogabal, der später ohne Zögern Blut vergossen hat, hat hier

Blut von Kriegern vergossen, und zwar im Krieg, Blut von Militärs, die dann so prächtige Kriegerleichen abgeben.

Nun bin ich der Meinung, daß es dem jungen Heliogabal, der mit vierzehn Jahren den Thron besteigt und mit achtzehn wieder blutig herunterstürzt, an Heroismus, und zwar Heroismus in jeder Hinsicht, ganz und gar nicht gefehlt hat.

Zweifellos aus Heroismus begeht Heliogabal jene ausgesucht grausame Tat, die allerseits für ruchlos und abscheulich, da unbegründet und willkürlich gehalten wurde; jene Tat, Gannys, seinen Erzieher, den er liebt, der aber seinen Exzessen im Wege steht, mit einer Hand zu töten.

Die Geschichtsschreiber betonen, daß keiner sich zu dieser ruchlosen, stumpfsinnigen Tat hat hergeben wollen, nachdem Heliogabal Gannys' Tod beschlossen hatte, und daß Heliogabal ihn nach langem Zögern, langer Angst und Selbstbesinnung schließlich eigenhändig umgebracht hat.

Nun ist aber Gannys sein Lieblingserzieher. Sein Erzieher, der ihn in die Riten der Sonne, seines Vaters, eingeweiht, mit ihrem Blut umzugehen gelehrt hat.

Es ist unwahrscheinlich, daß Heliogabal ein Initiierter im heutigen Sinne des Wortes ist; und sein Verhalten scheint zu beweisen, daß er nie ein höherer Initiierter gewesen ist. Übrigens wird man immer nur in Verfahren, Riten, äußere Zeichen, sinnbildliche Pforten initiiert, die auf den Weg des Geheimnisses führen. Und zweifellos hat Heliogabal hartnäckig versucht, in alle möglichen ganz verschiedenartigen, ja zuweilen völlig gegensätzlichen Verfahren und Riten eingeweiht zu werden.

»Er ließ sich«, sagt Lampridius, »auch in die Mysterien der Göttermutter initiieren und maßte sich das Taurobolium an, damit er das Standbild der Göttin entführen und alles, was ihrem Kult diente und vor Laien streng verborgen gehalten wurde, sich erschleichen könne. Man beobachtete, wie er im Tempel seinen Kopf im Kreise fanatischer Eunuchen nach allen Seiten schüttelte, sich die Geschlechtsteile abband und in der Folge alles tat, was die Gallen tun; dann überführte er das geraubte Standbild der Göttin ins Heiligtum seines Gottes.

»Er trat auf als Venus, die mit dem ganzen Aufwand an Klagelauten und Verrenkungen, der in Syrien mit dem Kult der Salambo verbunden ist, den Adonis beweint; er gab also selbst ein Vorzeichen seines nahen Endes. Er äußerte offen, alle Götter seien nur Diener des seinen, wobei er den einen das Amt von Offizieren seines kaiserlichen Haushaltes, anderen dasjenige seiner Kammerdiener, anderen alle möglichen Pflichten in seinem Umkreis zuwies. Er hatte die Absicht, aus dem Dianatempel in Laodicea die Steine, die man die Göttlichen heißt und die Orestes dahin gebracht hatte, gewaltsam wegschaffen zu lassen, sogar denjenigen der Göttin, die er seinem Heiligtum einverleibt hatte.«

Während man ihn also wie eine Marionette, eine hohle Königsmarionette benutzt, während man ihn wie ein Glied handhabt – und auch die täglichen Tempelparaden sind ein Teil dieser Handhabung –, während jedermann für ihn arbeitet, jedermann, nämlich Julia Moesa, seine Großmutter, Julia Soemia, seine Mutter, und deren Eunuchengespann: der weitblickende, scharfsinnige Gannys und Eutychianus, der Possenreißer; – und neben Julia Soemia deren Schwester Julia Mammoea, die angeblich für ihn, eigentlich aber für ihren Sohn, den kleinen Alexander Severus, arbeitet (um an Heliogabals Stelle einen jungen Kaiser mit unbefleckter Rute und gekräuseltem Schafskopf zu setzen); während also jedermann für ihn arbeitet, arbeitet Heliogabal gleichfalls für sich, doch auf eine Weise, die die zeitgenössischen Geschichtsschreiber überaus erstaunt hätte, wären sie beherzt genug gewesen, sie von nahem zu betrachten. Man kann ihn Tag für Tag in seiner Sonnentiara mit dem Widderhorn zum Tempel führen und veranlassen, sich vorschriftsgemäß wie ein stummes Standbild um sich selbst zu drehen; Heliogabal hat mit Hilfe von Gannys die ganze Intrige durchschaut und nimmt sich vor, daraus Nutzen zu ziehen.

Doch wie ein König daraus Nutzen zu ziehen. Mit Glanz und Größe, mit dem echt königlichen Bewußtsein der dem König zufließenden, aus den Riten geschöpften Kräfte.

*

* *

Und in diesen Riten kommt sein Name vor:

EL-GABAL.

Sowie die ganze unüberblickbare Reihe der Schreibweisen seines Namens, welche in der abgestuften Aussprache, in aufsteigenden Strahlen, Fächerformen und schwarzen, weißen, gelben und roten Figuren der Erhabenen Person Gottes ihre Entsprechung finden.

Und diese Figuren sind ihrerseits Entsprechungen zu Farben und zu Sternenrassen, die gruppenweise im Tierkreis des Ram formiert sind.

Und die vier großen menschlichen Rassen entsprechen wie organische Echos den Einteilungen des von Gott inspirierten Tierkreises des Ram.*

Und alle diese auseinanderstrebenden Zustände, heimlichen Formen und Namen schießen wie Kaskaden hoch in der Kontamination

HELIOGABALUS
ELAGABALUS
EL-GABAL

Dreißig Völker haben die Vielfalt dieses Namens umkreist, haben geträumt von ihm, der

* Anhang 3

wie eine Windrose in allen Himmelsrichtungen die Bilder von dreißig Kräften erzeugt, wenn man ihn ausspricht.

Sein Erzieher Gannys, der im Schutz des Emails und lebendiger Steine einhergeht, hat ihn die Bedeutung der Riten, die eruptive Kraft der Namen gelehrt.
Die Namen werden nicht da oben im Kopf ausgesprochen, in den Lungen bilden sie sich und steigen dann wieder auf in den Kopf. Doch der vom Kopf ausgehende Befehl ist nur in den Lungen Name.
Der aber wird gebildet aus

GABAL,

etwas Plastisches, Formendes.
Ein Wort, das Form annimmt
und Form verleiht.

Und in

EL-GABAL

steckt

GABAL,

das den Namen bildet.

In

GABAL

steckt aber

GIBIL *(im altakkadischen Dialekt)*.

Gibil das Feuer, das zerstört und Form auflöst, doch die Wiedergeburt des roten, feuergeborenen Phönix vorbereitet, der das Emblem der Frau ist, der Frau wegen ihrer feuerroten Menstruation.

Und in

EL-GABALUS

steckt

EL,

was Gott bedeutet und mit oder ohne H geschrieben wird; mit Gabal verschmolzen ergibt es jedoch

HELAH-GABAL.

Und das Land Elam in der Nähe von Baktrien ist das Gottesland.

Doch in

GABAL

steckt auch

BAAL

oder

BEL

oder

BEL-GI,

chaldäischer Gott, Gott des Feuers; was im altaramäischen Dialekt

GIBIL

(Kibil), das Feuer, ergibt, wenn man es umgekehrt spricht, schreibt und buchstabiert.

Und auch

GABAL,

die Bezeichnung für Berg im aramäisch-chaldäischen Dialekt.

Doch vor allem steckt darin

BEL,

höchster Gott, Gott der Auflösung, durch den alles aufs Prinzip, auf den einheitstiftenden, verzehrenden Gott zurückgeführt wird.

Heliogabal vereinigt in sich die Kraft all dieser Namen, unter denen einzig nicht in Erscheinung tritt, was uns zuallererst in den Sinn kommt: die Sonne.

Die Griechen haben Helios in den Namen Heliogabal verflochten, ihn mit

EL,

dem höchsten Gott, dem Gott der Gipfel, verschmolzen. Wenn aber in seinem Namen die Sonne in Erscheinung tritt, so gleichsam als erhöhter Ort, den man mit einem Konus, etwas Zugespitztem gleichsetzt, weil im Prinzip jeder Berg durch einen Konus oder eine Spitze versinnbildlicht werden kann und weil die Sonne kraft ihres Lichtes an der Spitze der erschaffenen Welt steht.

Die Welt oben und die Welt unten vereinigen sich im sechsarmigen Stern, Salomons magischem Siegel, und beide, das Sichtbare wie das Unsichtbare, das Geschaffene wie das Ungeschaffene, laufen in eine Spitze aus.

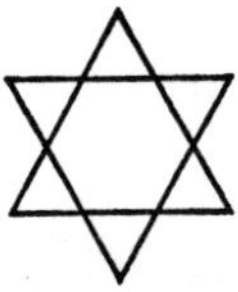

Dieser Formen schaffende und Formen auflösende Gott schließt alle Götternamen, alle Formen, die sie angenommen haben, ein. Von

SATURNUS ISWARA,

der Sonne, dem feurigen Prinzip, dem männlichen Prinzip, bis zu

RHEA, PRACRITI,

dem Mond, dem feuchten, weiblichen Prinzip,

die zwischen den beiden Polen der offenbarten Form liegen: dem Männlichen und dem Weiblichen.

Daß Saturnus wie Apollon die Sonne ist, kann nicht überraschen, sofern man weiß, daß der Gott, der sich zur Erde herabläßt, seine Formen und Kräfte mit den Formen seines Wirkens verändert. Und bekanntlich ist

RA,

die Sonne,

für die Ägypter ein Sperber, aber auch ein Kalb oder ein Mensch, wobei das Kalb dem herrschenden Brauch zufolge über dem Menschen steht.

Doch dieser

RA

wird in Chaldäa zu

BEL-SCHAMASCH.

Das aber ist der *Richter*, der bei den chaldäischen Bräuchen den Ausschlag gibt.

Und

APOLLON,

die sich bewegende Kraft der Sonne, verdoppelt sich, ohne seinen Namen zu verlieren, mit einem Schatten, mit einer Art Beinamen, der immer an ihm hängenbleibt.

So hat man ihn

APOLLON LOXIAS,

APOLLON LIBYSTINOS,

APOLLON DELIOS,

APOLLON PHOIBOS,

APOLLON PHANES nennen können, und Apollon Phanes heißt Apollon, der Gegenschlag, der Doppelschlag oder doppelte Samen.

APOLLON LYCIAS,

APOLLON LYCOPHAS, und Apollon Lycophas heißt Apollon der Wolf, der alles, selbst die Finsternis, verschlingt.

Und Apollon, der sich als stoffliches Wesen in der Kreisbahn des Stofflichen bewegt, heißt auch:

APOLLON ARGYROTONUS.

Und Apollon heißt manchmal auch

APOLLON SMYNTHEUS und bezeichnet den Exzeß, das Extrem, den kritischen Punkt, den reifen Abszeß.

Schließlich gibt es noch

APOLLON PYTHIOS, den männlichen Gott, der die weibliche Pythia nicht kennt und mit den Orakeln nichts zu tun hat. Das ist der Apollon, der die Pythonschlange besiegt und erstickt hat.

Die Feuchte des Chaos speit Nebel aus, die sich in Gestalt eines Drachens um die Erde schlängeln.
Und Apollon, das feurige Prinzip, erhebt sich mit einem Satz in die Sphären, von wo aus er mit seinen Pfeilen die Ringe der Pythonschlange durchbohrt.

Heliogabal schöpft aus diesen erhabenen Ideen und aus den Namen, die ihm zukommen, das Bewußtsein und den Stolz eines Königs; doch sein kindlicher Organismus schöpft daraus Verwirrung und Angst, die nie ein Ende nehmen werden.

Heliogabal tritt im anarchischen Zeitabschnitt der erhabenen Sonnenreligion und historisch in einem Zeitabschnitt der Anarchie in Erscheinung.
Das hat ihn nicht gehindert, eine Identifika-

tion mit Gott anzustreben, sich rituell mit ihm zu identifizieren. Das hat ihn nicht gehindert, sich bei seinem grundsätzlichen Angriff auf die polytheistische römische Anarchie wie ein richtiger Priester eines einheitstiftenden Kultes, wie die Personifikation eines einzigen Gottes, der Sonne, zu verhalten.

Denn wenn Elagabalus für Julia Moesa nur ein Glied, eine Art bemalte Statue ist, die dazu dient, den Soldaten etwas vorzugaukeln, so ist Elagabalus für Heliogabal das zugleich menschliche und göttliche erektile Glied. Das erektile Glied und das starke Glied. Das Glied als Kraft, die sich teilt und die geteilt wird, die man nur geteilt nutzt.

Das erektile Glied ist die Sonne, der Konus der irdischen Zeugung, wie Elagabalus die Erdensonne, der Konus der himmlischen Zeugung ist.

Es gilt also, Sonne zu werden, in Elagabalus selbst überzugehen, seine Existenzform zu ändern.

Was diese Identifikation Heliogabals mit seinem Gott betrifft, meinen manche Archäologen, Heliogabal halte sich für seinen Gott, andere dagegen, er verberge sich hinter seinem Gott und mache einen Unterschied zwischen diesem und sich selbst.

Doch ein Mensch ist kein Gott, und wenn Christus ein menschgewordener Gott ist, so ist er doch bekanntlich als Mensch und nicht als Gott gestorben. Und weshalb sollte Elagabalus sich nicht für einen menschgewordenen Gott halten, was sollte den Kaiser Heliogabal hindern, dem Gott mehr Gewicht zu verleihen als dem Menschen, diesen Menschen unter dem Gott zu zermalmen?

Sein ganzes Leben lang bleibt Heliogabal diesen magnetischen Gegensätzen, dieser doppelten Teilung ausgeliefert.

Einerseits

DER GOTT,

andererseits

DER MENSCH.

Und als Mensch der menschliche König und der Sonnenkönig.

Und beim menschlichen König der gekrönte Mensch und derjenige, den man der Krone beraubt.

Wenn Heliogabal die Anarchie nach Rom trägt, wenn er als Ferment wirkt, das einen latenten Zustand der Anarchie beschleunigt, so ist die Anarchie zuerst in seinem Innern, und sie verwüstet seinen Organismus und stürzt seinen Geist in eine Art frühreifen Wahnsinn, den die heutige medizinische Terminologie mit einem bestimmten Namen bedacht hat.

Heliogabal ist Mann und Frau.

Und die Sonnenreligion ist die Religion des Mannes, der jedoch ohne die Frau, sein Double, in dem er sich spiegelt, nichts vermag.

Die Religion des EINEN, das sich ENTZWEIT, um zu handeln.

Um zu SEIN.
Die Religion der uranfänglichen Scheidung des EINEN.
Das EINE, die ZWEI vereint im ersten Androgynen.
Welches ER, der Mann, ist.
Und ER, die Frau.
Gleichzeitig.
Wieder zu EINEM vereint.

In Heliogabal spielt sich ein doppelter Kampf ab:
1. Des EINEN, das sich teilt und zugleich EINS bleibt. Des Mannes, der Frau wird und auf ewig Mann bleibt.
2. Des Sonnenkönigs, wobei der Mensch in ihm sich nicht damit abfinden kann, ein menschliches Ich zu sein. Der auf den Menschen spuckt und ihn schließlich in die Kloake schmeißt.
Weil ein Mensch kein König ist und es für ihn als König, einsamen König, inkarnierten Gott einen Sündenfall, eine seltsame Absetzung darstellt, wenn er auf dieser Welt lebt.
Heliogabal saugt seinen Gott auf; wie der Christ verzehrt er seinen Gott; und er trennt dessen Prinzipien in sich; er trägt diesen Kampf der Prinzipien in den beiden Höhlungen seines Fleisches aus.

Und das hat Lampridius, ein zeitgenössischer Geschichtsschreiber, nicht begriffen.

»Er heiratete eine Frau, die schüchterne Cornelia Paula, und vollzog angeblich die Ehe.« Dieser Geschichtsschreiber wundert sich, daß Heliogabal mit einer Frau schlafen, normal in eine Frau eindringen kann; – was bei einem geborenen Päderasten eine seltsame Inkonsequenz, etwas wie Verrat seines Organismus an der Päderastie wäre, beweist im Falle Heliogabals, daß dieser religiöse und frühreife Päderast konsequent denkt.
Doch weit mehr als das Androgyne tritt bei diesem wechselnden Bild, bei dieser faszinierenden, zwiespältigen, von der fleischgewordenen Venus abstammenden Natur und an ihrer erstaunlichen sexuellen Inkonsequenz, die selbst wieder ein Bild strengster geistiger Logik darstellt, die Idee der ANARCHIE in Erscheinung.

Heliogabal ist ein geborener Anarchist, der sich mit der Krone schlecht abfinden kann, und alle seine Handlungen als König sind Handlungen eines geborenen Anarchisten, eines öffentlichen Feindes der Ordnung, der ein Feind der öffentlichen Ordnung ist; doch er übt seine Anarchie zuerst bei sich selbst und gegen sich selbst, und was jene Anarchie betrifft, die er in die Führung des römischen Staatswesens hineinträgt, so kann man sagen, daß er mit gutem Beispiel vorangeht und entsprechend dafür bezahlt hat.
Wenn der Gallus sich das Glied abtrennt und

man ihm ein Frauenkleid überwirft, fasse ich diesen Ritus als Wunsch auf, mit einer gewissen Widersprüchlichkeit Schluß zu machen, mit einem Streich Mann und Frau wieder zu vereinen, zu verknüpfen, in eins zu schmelzen, und zwar im Männlichen und durch das Männliche einzuschmelzen. Der Mann spielt dabei die Rolle des Initiators.

Auch Heliogabal, sagen die Geschichtsschreiber, habe sich beinahe das Glied abtrennen lassen.

Wenn das stimmt, hätte sich Heliogabal schwer geirrt; ich bin aber der Meinung, daß die zeitgenössischen Geschichtsschreiber, die von Poesie keine Ahnung hatten und von Metaphysik erst recht nicht, den Schein wohl für Wirklichkeit und die rituelle Andeutung dieses Aktes als vollzogene Handlung aufgefaßt haben.

Wenn sich hier und da verirrte Menschen, Priester, bedeutungslose Gallen zu einer Handlung hergeben, die sie zugrunderichtet, so muß an dieser Handlung etwas sein, das den Ritus schmackhaft macht, doch Elagabalus, die Sonne auf Erden, kann das Sonnenzeichen nicht verlieren, kann nur im Abstrakten handeln.

Zur Sonne gehört der Krieg, Mars, die Sonne ist ein Kriegsgott; und der Ritus des Gallus ist ein Kriegsritus: Mann und Frau im Blut, mit Hilfe von Blut verschmolzen.

In Heliogabals abstraktem Krieg, in seiner

Prinzipienschlacht, in seinem Krieg der Wirkungskräfte fließt Menschenblut wie in einem gewöhnlichen Krieg, kein abstraktes Blut, kein unwirkliches Blut, das man sich bloß vorstellt, sondern richtiges Blut, das geflossen ist und fließen kann; und Heliogabal hat es nicht bei der Verteidigung von Gelände vergossen, sondern seine Poesie und seine Ideen damit bezahlt.

Heliogabals ganzes Leben besteht aus tätiger Anarchie, denn Elagabalus, der einheitstiftende Gott, der Mann und Frau, die feindlichen Pole, EINS und ZWEI wieder zusammenführt, bedeutet das Ende der Widersprüche, die Beseitigung von Krieg und Anarchie, aber durch Krieg, auch bedeutet er auf dieser unserer Erde des Widerspruchs und der Unordnung die angewandte Anarchie. Und die Anarchie ist an dem Punkt, an den sie von Heliogabal getrieben wird, verwirklichte Poesie.

In aller Poesie liegt ein wesentlicher Widerspruch. Poesie ist zermalmte, flammende Vielheit. Und die Poesie, die die Ordnung wiederherstellt, erneuert zunächst die Unordnung, die Unordnung mit ihren feurigen Aspekten; sie läßt Aspekte aufeinanderprallen, die sie auf einen einzigen Punkt zurückführt: Feuer, Gebärde, Blut, Schrei.

Trägt man wieder Poesie und Ordnung in eine Welt hinein, deren bloßes Dasein eine Herausforderung der Ordnung ist, so trägt man damit auch wieder Krieg, ununterbrochenen Krieg in sie hinein, schafft man einen Zustand tätiger Grausamkeit und entfacht namenlose Anarchie, die Anarchie der Dinge und Aspekte, die nochmals wach werden, bevor sie aufs neue scheitern und sich in der Einheit auflösen. Doch wer diese gefährliche Anarchie weckt, ist immer ihr erstes Opfer. Und Heliogabal ist tätiger Anarchist, der zuerst sich selbst verzehrt und schließlich seine eigenen Exkremente verzehrt.

Während die Geschichtsschreiber angesichts dieses in seinem zeitlichen Ablauf unüberschaubaren Lebens undatierte Grausamkeiten breitwalzen und ein Ungeheuer erblicken, erblicke ich ein wunderbar plastisches Wesen, das die Anarchie der Tatsachen spürt und sich gegen die Tatsachen empört.

Ich erblicke in Heliogabal eine vibrierende Intelligenz, die jedem Gegenstand und jeder Begegnung mit Gegenständen eine Idee abgewinnt.

Der Mann, der Ritualgegenstände in den Schmelzofen schleudert, den er auf den Stufen des Herkulestempels in Rom hat anheizen lassen, und dabei schreit:

»*Nur das, jawohl, nur das ist eines Kaisers würdig*«, der auf diese Weise einen Teil nicht nur des königlichen, sondern auch des sakralen Schatzes verschwendet; der Mann, der bei seinem Einzug in Rom den konischen Stein, den großen Zeugungsphallus, umarmt; der Mann, der bestrebt ist, diesen Stein als Prinzip über alles, höher als alles zu erheben; der Mann, der an die Einheit aller Dinge glaubt und nach Rom keinen Stein, sondern ein Zeichen, ein Symbol der Einheit aller Dinge mitführt; der Mann, der die Götter vereinigen will, der die Standbilder der falschen römischen Götter vor seinem Gott zerschlagen läßt, – dieser Mann ist für mich kein Götzendiener, sondern ein Magier, der Teil hat an den Kräften der Riten, in deren Mitte er aufwächst.

*

* *

In der Nacht vom 15. auf den 16. Mai 217 wird Heliogabal den Soldaten vorgeführt. Seine halb entblößte Mutter, die prächtige Julia Soemia, die den kleinen, wie Caracalla gekleideten Bassianus Avitus vor sich herschiebt, schreitet durch die Reihen der am Fuße des Tempels biwakierenden Soldaten, als wollte sie sich jedem von ihnen hingeben. Hinter der unzugänglichen Tempeleinfriedung hat man eine römische Musik aufgestellt, eine rauhe, trockene Musik, die die Klänge gewisser assyrischer Orchester nachzuahmen sucht. Eine esoterische, geheimnisvolle, wenngleich römische Musik aus dem Tempel der Göttermutter. Diese Musik skandiert Soemias und Heliogabals Schritte mitten durchs Lager der Krieger. Diese, von Gannys vorbereitet, wissen sehr wohl, was hier gespielt werden soll.

Nach ein, zwei Runden durch das Lager steigt

Elagabalus, der den römischen Purpur, den schweren, für seinen jungen Körper fast zu langen Kaisermantel trägt, auf die Wälle.

Zehntausend Fackeln lodern im Lager, ihr Licht wird von großen, im Schutze der Nacht herbeigeschafften Spiegeln zurückgeworfen. Und plötzlich bietet sich ein unerwarteter Anblick:

Von den Wällen herunter wird ein Gemälde von dreißig Ellen Höhe und zwanzig in der Breite aufgerollt; der Schein zahlloser Fackeln fällt, von den großen Spiegeln zurückgeworfen, blendend auf das gewaltige Gemälde. Auf ihm offenbart sich eine Art von Kriegsgott: ist es Heliogabal oder Caracalla? Es ist Caracallas Kleidung und Heliogabals Antlitz. Doch Heliogabals Antlitz wird gleichsam durch Caracallas Züge hindurch sichtbar.

Das Lager applaudiert, die Musik hält inne. Gannys setzt im richtigen Augenblick ein:

GANNYS: »Dies ist Caracallas Sohn.«

Stille! Verblüffung. Die Soldaten sehen sich an.

Julia Soemia steht, weiß von Lichtern, am andern Ende des Lagers, zerzaust, mit gerecktem Oberkörper und hervorquellenden Brüsten.

JULIA SOEMIA: »Ja, dies ist Caracallas Sohn. Dies ist der Gott, den ich in seinen Armen empfangen habe.«

Niemand lacht, niemand protestiert; es ist gut gemachtes, glänzend einstudiertes Theater.

GANNYS: »In Antiocheia haust ein falscher

Kaiser, dieser Macrinus von niederer Herkunft, der nach Caracallas Purpur gegriffen und sich über Caracallas Blut hinweg auf den römischen Thron geschwungen hat. Ich fordere euch auf, Caracallas Sohn wieder in seine Rechte einzusetzen. Der junge Bassianus Avitus soll auf dem römischen Thron das Erbe der Bassianiden wieder in Besitz nehmen. Ihr seid Caracalla, dem Sohn des Septimius Severus, in dreißig Kriege gefolgt; ihr werdet Elagabalus Avitus, Caracallas Sproß, in neue Kriege folgen.«

Hier Beifall, Ausbruch der Freude, langanhaltendes Stimmengewirr, das bis an den Rand des Lagers ebbt.

Die Fackeln neigen sich. Der Tag bricht an. Ein kühler Wind kommt auf. Die Truppen sammeln sich, rücken vor. Gannys sprengt auf einem falben Pferd an die Spitze der Soldaten.

*

* *

Die Schlacht im Umkreis von Emesa läßt sich in drei Phasen einteilen.

In der ersten wird Heliogabal von den Soldaten auf den Schild gehoben. Da sie merken, daß ihr Tun eine Art offene Rebellion darstellt, verbarrikadieren sie sich in ihrem Lager und machen sich auf den Angriff der regierungstreuen Streitkräfte gefaßt, die von einem der Befehlshaber der Prätorianergarde, Ulpius Julianus, angeführt werden.

Dieser glaubt nicht an die Kraft der Rebellion,

greift ohne Überzeugung und Leidenschaft an. Er zaudert und lehnt es ab, die Einsetzung eines vierzehnjährigen Monarchen ernst zu nehmen.

Er hätte alles in einem Tag erledigen können, wenn er den Angriff tatkräftig vorangetrieben hätte, doch da er mit dem spontanen Abfall von Heliogabals Truppen rechnet, zieht er sich nach einem Scheingefecht zurück.

In der zweiten Phase greift Ulpius Julianus aufs neue an und ist diesmal entschlossen, ein Ende zu machen. Doch zu spät. Die Belagerten sind sich ihrer eigenen Kraft und der Unentschlossenheit der Belagerer bewußt geworden. Trotzdem ist die Schlacht hart. Sie dauert einen ganzen Tag lang, von Tagesanbruch bis Sonnenuntergang. Am späten Abend geht der Mond auf. Nicht zur Dekoration, sondern wie eine Kraft. Domnas und Soemias Mond, mit dem Ulpius Julianus nichts zu tun hat. Von den Wällen herunter verleiten Heliogabals Soldaten die Prätorianer des Julianus zum Überlaufen. Abgesandte von Gannys haben sich unter die Truppen des Julianus gemischt, flüstern ihnen köstliche Versprechungen ins Ohr und verteilen unentgeltlich Gold unter sie.

Bei den Truppen des Julianus wird ein Schwanken spürbar, denn so gut sich die Prätorianer halten, die Söldner lösen sich auf; bis schließlich auch die Prätorianer, denen Heliogabal Leib und Leben zugesichert hat, falls sie

bereit sind, in sein Lager überzugehen, Ulpius Julianus im Stich lassen.
Vergleicht man die beiden Könige, wiegt Heliogabal Diadumenos auf. Macrinus hat nämlich seinerseits einen kleinen König wählen, von den Prätorianern zu Apameia seinen Sohn auf den Schild heben lassen, den kleinen Diadumenos, so genannt wegen der natürlichen Krone, die sein hervortretendes Stirnbein über dem Augenbrauenbogen bildet. Der kleine Diadumenos ist zehn Jahre alt und hat soeben den Titel Augustus angenommen. Und schon hat er sich, kaum auf dem Thron, durch Grausamkeit ausgezeichnet. Er hat Wachen, die seines Erachtens bei seiner Krönung nicht laut genug Beifall geschrien hatten, langsam die Geschlechtsteile absäbeln lassen. Solche improvisierten Krönungen sind in diesem unbekannten Abschnitt der Geschichte überaus häufig.
Angesichts des fast einhelligen Abfalls seiner Truppen ergreift Ulpius Julianus die Flucht. Er hätte an der Spitze von zwei-, dreihundert Getreuen in diese Feilscherei, diesen Treuekauf, diese Versteigerung von Ergebenheit und Gewissen, die von den Wällen herunter im Gang war, hineinstürmen können. Er zieht es vor, das Schlachtfeld feige zu verlassen und in Priesterkleidung in einen kleinen, abgelegenen, von Feldern umringten Tempel zu flüchten. Doch er wird erkannt. Man faßt ihn wieder. Und zwei Tage später werfen Helio-

gabals Boten, die Macrinus das Ergebnis der Schlacht verkünden sollen, diesem statt einer Herausforderung in einem Bündel besudelter Wäsche des Ulpius Julianus blutigen Kopf hin.

Macrinus hat Apameia an der Spitze von fünfhundert treuen Prätorianern verlassen, umgeht Emesa und kehrt nach Antiocheia zurück, wo er sich als Sieger ausrufen läßt. Dann sammelt er unter dem Vorwand, Heliogabals fliehende Mannschaft zu verfolgen, was an zuverlässigen Truppen aufzutreiben ist, und wendet sich in der Meinung, mit diesem zusammengewürfelten Haufen von Männern, der von drei Frauen, zwei Eunuchen und einem Knaben befehligt wird, rasch fertig zu werden, wieder gegen Emesa. Doch er hat die Rechnung ohne Gannys gemacht; und hier beginnt die dritte Phase des Kampfes.

Gannys, der ortskundig ist, läßt den Truppen des Macrinus nicht die Zeit, bis Emesa vorzustoßen; er wählt Ort und Zeitpunkt selbst und liefert ihm eine Schlacht. Der Kampf findet fast unmittelbar vor Antiocheias Toren, in einer Art gewundenem, kleinen Tal statt, das von Hügeln umgeben ist, die Heliogabals Anhänger schon besetzt halten.

Es ist zwei Uhr nachmittags. Die Sonne fällt senkrecht in die Talmulde und blendet die Legionen des Macrinus, der Roms beste Truppen um sich hat. Gannys' Soldaten greifen von drei Seiten zugleich an. Doch die Legionäre des Macrinus halten sich, obwohl von der Sonne geblendet und durch den allseitigen Angriff zuerst aus der Fassung gebracht, tapfer – stürmen sogar vorwärts. Die Musik der römischen Legionen ertönt aus Leibeskräften und verwirrt die zu Heliogabal übergelaufenen Prätorianer, die nicht mehr wissen, wohin sie eigentlich gehören. Ihre Gegner sind gleichfalls Prätorianer, und um irgendeiner Laune des Schicksals willen sollen sie sie bekämpfen. Sie strecken die Waffen und schikken sich an, das Lager zu wechseln.

Kaum haben das die makedonischen Söldner, die skythischen Reiter und die syrischen Freiwilligen, die die rote Standarte Phöniziens über sich schwenken, gemerkt, kaum haben sie die einheitliche Front, die Mauer der Prätorianergarde gesehen, schleudern sie ihre Waffen und Standarten zu Boden und machen Miene, die Flucht zu ergreifen. Gannys stürzt sich auf seinem falben Pferd unter sie, versucht sie mit sonderbaren Bewegungen seiner Ellbogen und Arme, die sich abwechselnd über seinem strahlenden Brustschild verschränken und öffnen, wieder zu sammeln. Umsonst. Da stürzen sich die beiden Julien, Großmutter Moesa und Mutter Soemia, die aus ihrem Wagen gestiegen sind, ins Getümmel.

Rundum liegen Leichen im Staub, die von Pfeilen durchsiebt sind; und noch immer durchfurchen verirrte Pfeile die Luft. Sie entreißen den Leichen die Schwerter, sie schützen sich mit einem Schild, den sie von den Toten aufgelesen haben, sie steigen auf durchgegangene Streitrosse, recken die rote Standarte und stürzen sich im Galopp stumm unter die Kämpfenden. Zwei-, dreimal durchfurchen sie den Hauptteil der sich auflösenden Truppen; Heliogabal rückt seinerseits vor. Sein Purpurmantel fliegt im Wind, flattert wie die Standarten seiner Mütter. Die Prätorianer haben wieder einen Anführer. Die Söldner lesen in ihrer Begeisterung über den heroischen Sturmangriff der beiden Frauen ihre Standarten wieder auf. Die Offiziere spüren, daß sie sie wieder in der Hand haben, und formieren sie neu. Ein einhelliger Sturmangriff fährt wie ein Keil in die Legionäre des Macrinus, bringt sie durcheinander, stößt vor bis zum uneinnehmbaren Dreieck der Prätorianer; ein schreckliches Getümmel hebt an, in dem die alte Julia Moesa aufs Geratewohl um sich haut und sticht und Julia Soemia wie berauscht Pfeile abwehrt, zurückschleudert und sich dabei mit ihrem Schild schützt.

Während die beiden Frauen im Zentrum losschlagen, bohrt Heliogabal auf einem gleichfalls durchgegangenen Pferd an der Seite von Gannys und mit tausend skythischen Reitern hinter sich eine gefährliche Spitze in die Flanke von Macrinus, wobei er eine weite Umgehungsbewegung ausführt. Die Festung der Prätorianer scheint in ihren Grundpfeilern zu wanken, zu erbeben, sich wie der Kopf eines schnaubenden Pferdes um sich selbst zu drehen. Schon neigt sich die Sonne. Heliogabal, der Macrinus vom Rand des Schlachtfeldes her mit verhängten Zügeln in den Rücken fällt, empfängt die Strahlen der untergehenden Sonne voll ins Gesicht. Ihr Licht begeistert ihn noch mehr. Jetzt sieht er vor sich in weiter Ferne die Standarten seiner Mütter hin- und herschwanken. Ein tiefes, gleichmäßiges, anhaltendes Tosen erhebt sich über dem Schlachtfeld, ein Geruch nach Staub, Blut, toten Tieren, verbranntem Leder, ein betäubendes Schrottgerassel, durch das alle Augenblicke das gellende Geheul Verwundeter zuckt. Schatten gleiten in großer Entfernung über den Boden dahin, verschmelzen mit den gewaltigen Streifen der roten Sonnenstrahlen. Macrinus, der schwache Macrinus vernimmt das Crescendo des Kampfes. Er spürt, wie das Spiel, das er schon für gewonnen hielt, wieder von vorn beginnt und sich für ihn ungünstig entwickelt. Indessen ist noch nichts verloren, doch es gilt auszuharren; ausharren kann aber Macrinus nicht. Er gehört nicht zu denen, die ausharren. Er verliert den Kopf. Schon stürmt Heliogabal herbei. Julia Moesa und Julia Soemia haben die harte Front der Prätorianer – die einer mit dem andern verbunden, gleichsam zusammengeschweißt sind – nicht durchbrechen können, umkreisen sie schreiend und schlagen ab und zu einen Schädel ein, der über die unversehrte Frontlinie vorprescht. Macrinus nimmt zu seiner Rechten inmitten der kämpfenden Truppen, die Glied für Glied und gleichsam Stück für Stück miteinander verwachsen sind, etwas wie eine schwache Einbuchtung wahr. Da zerreißt er seinen Purpur, wirft ihn dem erstbesten Offizier über die Schultern, schleudert seinen Kranz einem General auf den Kopf und treibt sein Pferd mit den Sporen in höchster Eile davon. Kaum sehen das seine Prätorianer, so werfen sie ihre Waffen weg, wenden sich dem eintreffenden Heliogabal zu, empfangen ihn mit einem dreifachen, begeisterten Hurra.

So endet die Schlacht, die Heliogabal den Weg zum Königtum bahnt.

*

* *

Nachdem die Schlacht geschlagen, der Thron erobert ist, gilt es, nach Rom zurückzukehren, mit Glanz einzuziehen. Nicht wie Septimius Severus mit schwerbewaffneten Soldaten, sondern wie ein richtiger Sonnenkönig, ein Monarch, der seine vergängliche Oberhoheit hochhält, die zwar durch Krieg errungen worden ist, doch den Krieg in Vergessenheit bringen soll.

Und die zeitgenössischen Geschichtsschreiber können sich nicht genugtun an Beiwörtern hinsichtlich seiner Krönungsfeierlichkeiten, über ihren dekorativen und friedlichen Charakter. Über ihren bombastischen Prunk. Dabei muß erwähnt werden, daß Heliogabals Krönung gegen Ende des Sommers 217 in Antiocheia beginnt und im Frühjahr des folgenden Jahres nach einem in Nikomedia in Asien verbrachten Winter in Rom ihren Abschluß findet.

Nikomedia ist die Riviera, das Deauville der damaligen Zeit, und anläßlich dieses Aufenthaltes von Heliogabal in Nikomedia verlieren die Geschichtsschreiber allmählich vor Wut den Verstand.

Lampridius, der sich offenbar zum Joinville dieses Ludwigs des Heiligen aufgeworfen hat, der einen Kreuzzug des Geschlechtes unternimmt und statt Kreuz, Lanze oder Schwert ein männliches Glied trägt, berichtet darüber folgendes:

»In jenem Winter, den er in Nikomedia verbrachte, benahm sich der Kaiser überaus abstoßend; er gestattete nämlich den Männern gegenseitigen schändlichen Verkehr; die Soldaten bereuten deshalb bald, was sie getan hatten, und erinnerten sich voller Groll ihrer Verschwörung gegen Macrinus, nur um diesen neuen Fürsten einzusetzen; sie waren daraufhin geneigt, sich nach Alexander, Heliogabals Vetter, auszurichten, dem der Senat nach dem Tod des Macrinus den Titel Cäsar verliehen hatte. Denn für wen war ein Fürst tragbar, der alle seine Körperöffnungen der Wollust preisgab, was man nicht einmal bei Tieren duldet? Schließlich ging er so weit, sich

in Rom um nichts anderes mehr zu kümmern als um seine Sendboten, denen die Pflicht oblag, genau jene Männer aufzutreiben, deren Körperbau für seine niederträchtigen Neigungen am gefälligsten war, und ihnen im Palast Zutritt zu verschaffen, damit er sie genießen könne.
Außerdem gefiel er sich darin, das Urteil des Paris aufführen zu lassen; er selbst spielte dabei die Rolle der Venus, ließ plötzlich seine Kleider fallen, kniete sich, eine Hand auf der Brust, die andere auf den Geschlechtsteilen, splitternackt hin, reckte den Hintern in die Höhe und bot ihn den Gefährten seiner Ausschweifung dar. Er machte sich auch das Gesicht zurecht, wie man dasjenige der Venus schminkt, und war darauf bedacht, daß sein ganzer Körper über und über glänzte; als höchstes Ziel seines Lebens sah er es an, daß seine Eignung, die unzüchtigen Neigungen einer möglichst großen Anzahl zu befriedigen, anerkannt wurde.«

Es wird in kurzen Tagemärschen nach Rom zurückgekehrt, und beim Durchzug des kaiserlichen Gefolges, des ungeheuren Gefolges, das die durchquerten Länder mit sich zu nehmen scheint, treten falsche Kaiser auf.
Hausierer, Handwerker und Sklaven glauben angesichts der herrschenden Anarchie und Zerrüttung aller Regeln des erblichen Königtums, sie könnten ebenfalls König sein.

»Da haben wir's«, scheint Lampridius zu sagen, » die Anarchie!«
Nicht damit zufrieden, den Thron als Bühne zu benutzen und dem Land, durch das er zieht, ein Beispiel der Wollust, Unordnung und Verderbtheit zu geben, benutzt er sogar Grund und Boden des Imperiums als Bühne und zeitigt falsche Könige. Noch nie ward der Welt ein besseres Beispiel der Anarchie gegeben. Denn für Lampridius ist diese ungeschminkte Aufführung des Mythos von Venus und Paris vor hunderttausend Menschen mit dem Fieber, den Wundern, die sie erzeugt, ein Beispiel gefährlicher Anarchie, werden Poesie und Theater in wahrhaftigste Wirklichkeit umgesetzt.
Doch wenn man die Vorwürfe des Lampridius näher betrachtet, halten sie nicht stand. Was hat Heliogabal eigentlich getan? Mag er den römischen Thron zur Bühne gemacht haben, dafür ist das Theater und durch das Theater die Poesie auf den römischen Thron, in den Palast eines römischen Kaisers gelangt, und wenn Poesie real ist, wiegt das schon Blut auf, fließt zu Recht Blut.
Denn es läßt sich denken, daß die so nah den antiken Mysterien, so nah den Besprengungslinien der Taurobolien einstudierten Rollen nicht wie kalte Allegorien wirken sollten, sondern daß sie, die doch Naturkräfte vorstellten, ich meine Kräfte der zweiten Natur, derjenigen, die dem inneren Kreis der Sonne ent-

spricht, Julianus zufolge der zweiten Sonne, die sich zwischen Peripherie und Zentrum befindet – und bekanntlich ist nur die dritte sichtbar –, eine reine Elementarkraft bewahren sollten.

Darüberhinaus kann Heliogabal die römischen Sitten und Gebräuche nach Herzenslust malträtieren, die römische Toga an den Nagel hängen, den phönizischen Purpur anlegen, er kann ein Beispiel der Anarchie geben, indem er als römischer Kaiser die Tracht eines anderen Landes und als Mann Frauenkleider trägt und sich mit Steinen, Perlen, Federbüschen, Korallen und Talismanen behängt; was vom römischen Standpunkt aus anarchisch ist, ist für Heliogabal Treue zu einer Ordnung, und das bedeutet, daß dieses vom Himmel gefallene Dekorum unbedingt wieder dahin zurück will.

*

* *

Heliogabals Prunkliebe ist ebensowenig willkürlich wie seine wunderbare Inbrunst für die Unordnung, die lediglich die Anwendung einer metaphysischen, höheren Idee von Ordnung, das heißt von Einheit ist.

Er klatscht der lateinischen Welt seine religiöse Ordnungsidee wie eine Beleidigung ins Gesicht; und er wendet sie mit äußerster Strenge an, mit einem Sinn für höchste Vollendung im Bereich einer okkulten, geheimnisvollen Idee von Vollendung und Einswer-

dung. Es liegt auf der Hand, daß diese Ordnungsidee darüberhinaus poetisch ist.
Heliogabal hat es auf eine systematische, erfreuliche Verderbnis des lateinischen Denkens und Bewußtseins abgesehen; und er hätte diese Zersetzung der lateinischen Welt bis aufs äußerste getrieben, wenn er lange genug gelebt hätte, um sie bis zu einem guten Ende zu führen.
Jedenfalls kann man Heliogabal konsequentes Denken nicht absprechen. Und man kann nicht an der Hartnäckigkeit zweifeln, mit der er dieses Denken in die Tat umgesetzt hat. Dieser bei Antritt der Herrschaft vierzehnjährige Kaiser ist ein Mythomane im buchstäblichen, konkreten Sinn des Wortes. Das heißt, er überblickt die vorhandenen Mythen und setzt sie in die Tat um. Er setzt einmal, vielleicht das einzige Mal in der Geschichte, echte Mythen in die Tat um. Er schleudert eine metaphysische Idee in den Strudel der armseligen irdisch-lateinischen Bildnisse, an die niemand mehr glaubt; die lateinische Welt am allerwenigsten.
Er bestraft die lateinische Welt dafür, daß sie nicht mehr an ihre Mythen oder an irgendeinen anderen Mythos glaubt, und er versagt sich auch nicht, die Verachtung hervorzukehren, die er dieser Rasse geborener Ackerbauer entgegenbringt, die immer nur auf die Erde starren, was denn da herauskommt.

*
* *

Der Anarchist sagt:
Weder Gott noch Herr, ich ganz allein.
Sowie Heliogabal den Thron innehat, lehnt er jedes Gesetz ab; er ist der Herr. Sein eigenes, persönliches Gesetz soll also Gesetz für alle sein. Seine Tyrannei ist maßgeblich. Jeder Tyrann ist im Grunde genommen ein Anarchist, der nach der Krone gegriffen hat und die Welt nach seiner Elle mißt.

Heliogabals Anarchie enthält aber noch eine andere Idee. Da er sich als Gott betrachtet, sich mit seinem Gott identifiziert, begeht er nie den Irrtum, ein menschliches Gesetz zu erfinden, ein absurdes, abgeschmacktes menschliches Gesetz, durch welches er, der Gott, sich ausdrücken könnte. Er leistet jenem göttlichen Gesetz Folge, in das er eingeweiht worden ist, und sieht man von ein paar gelegentlichen Exzessen, belanglosen Scherzen ab, so muß man zugeben, daß Heliogabal den mystischen Standpunkt eines inkarnierten Gottes, der indessen dem uralten Ritus eines Gottes Folge leistet, nie aufgegeben hat.

Heliogabal vertreibt nach seiner Ankunft in Rom die Männer aus dem Senat und ersetzt sie durch Frauen. Für die Römer ist das Anarchie, doch der Menstruationsreligion, der Grundlage des tyrischen Purpurs zufolge, und für Heliogabal, der sie in die Tat umsetzt, ist es lediglich eine bloße Wiederherstellung des

Gleichgewichtes, eine bewußte Rückkehr zum Gesetz, denn der Frau, der Erstgeborenen, die in der kosmischen Ordnung als Erste auftrat, steht es zu, Gesetze zu schaffen.

*

* *

Heliogabal ist nach einer seltsamen Fahrt des Geschlechtes, einer mächtigen Entfesselung von Festen im ganzen Balkan wohl im Frühling des Jahres 218 in Rom eingetroffen. Bald jagt er blitzschnell dahin in seinem ganz mit Planen bespannten Wagen, in seinem Gefolge, in einer Art riesigem Käfig, der für einen Wal oder ein Mammut bestimmt scheint, den zehn Tonnen schweren Phallus. Bald hält er wieder an, breitet seine Reichtümer aus, stellt vor blöden, eingeschüchterten Völkern alles zur Schau, was er an Prunk, Spenden und seltsamen Paraden aufbringen kann. Von dreihundert wütenden Stieren gezogen, die von heulenden, doch gefesselten Hyänenrudeln gehetzt werden, durchquert der Phallus auf einem gewaltigen, niedrigen Wagen mit Rädern so breit wie Elefantenschenkel und mit der Geschwindigkeit eines trabenden Zebras die europäische Türkei, Makedonien, Griechenland, den Balkan und das heutige Österreich.

Dann und wann gibt's Musik. Man hält an. Die Planen werden zurückgeschlagen. Der Phallus wird mit Seilen auf seinen Sockel gehißt, seine Spitze ragt empor. Und die Päde-

rastenbande samt Schauspielern, Tänzerinnen und entmannten, zu Mumien verwandelten Gallen läßt sich blicken.
Denn es gibt einen Ritus der Toten, der Geschlechtsschau, der aus männlichen Gliedern bestehenden Gegenstände, die am oberen Ende prall, geloht und geschwärzt sind wie im Feuer gehärtete Stöcke. Über Stöcke gestülpt wie Kerzen über Nägel, wie zahllose Waffenspitzen; wie Glöckchen, die an goldenen Gewölbebogen aufgehängt sind, wie Nägel in einem Schild auf riesige Tafeln gepinnt – so drehen sich zwischen den tanzenden Gallen die Glieder im Feuer, werden von Männern auf Stelzen hin und her geschwenkt, daß sie wie lebendige Wesen tanzen.
Und immer auf dem Höhepunkt, in der Raserei, im Augenblick, wo die Stimmen heiser werden, wie beim Akt in einen weibischen Alt umschlagen, erscheint Heliogabal mit einer Art Eisenspinne auf dem Schamhügel, die ihm mit den Beinen die Haut zerkratzt, so daß bei jeder zu heftigen Bewegung seiner safrangepuderten Schenkel sein Blut herausschießt, erscheint Heliogabal mit vergoldetem, mit Gold überzogenem, unbeweglichem, steifem, unbrauchbarem, ungefährlichem Glied, erscheint mit der Sonnentiara und seinem von Steinen übersäten, von Lichtern verzehrten Mantel.
Sein Eintreten ist wie ein Tanz, ein bewundernswürdig ausgeführter Tanzschritt, ob-

wohl Heliogabal nichts von einem Tänzer hat. Stille, und dann schießen die Flammen hoch, die Orgie, eine spröde Orgie, geht weiter. Heliogabal schart die Schreie um sich, weist der ausgeglühten Zeugungsglut, der Todesglut, dem fruchtlosen Ritus den Weg.

Diese Instrumente, Edelsteine, Schuhe, Kleider und Stoffe, diese rasenden Litaneien der Saiten- und Schlagmusik, der Schellenbäume, Zimbeln, ägyptischen Trommeln, griechischen Lyren, Sistren und Flöten usw., diese Flöten-, Harfen-, Asor- und Nebelorchester, aber auch die Banner, Tiere, Tierfelle, Vogelfedern, von denen die zeitgenössischen Geschichtsschreiber berichten, dieser ganze ungeheure Aufwand, der am Rande von fünfzigtausend berittenen Soldaten bewacht wird, die des Glaubens sind, sie führten die Sonne mit sich herum, dieser religiöse Aufwand hat einen Sinn. Einen machtvollen rituellen Sinn wie alle Handlungen des Kaisers Heliogabal, der Geschichtsschreibung zum Trotz.

Heliogabal zieht am Morgen eines Märztages im Jahre 218 bei Tagesanbruch in Rom ein, zu einem Zeitpunkt, der etwa mit den Iden des März zusammenfällt. Und er zieht rückwärts ein. Vor ihm der von dreihundert Mädchen mit entblößten Brüsten gezogene Phallus; sie gehen vor den dreihundert Stieren her, die jetzt, da man ihnen ein paar Stunden vor Tagesanbruch ein wohldosiertes Schlafmittel verabreicht hat, betäubt und friedlich sind.

Er zieht ein in bunt schillernden Federn, die wie Fahnen im Wind flattern. Hinter ihm, gespenstisch verschwommen, die goldene Stadt. Vor ihm die parfümierte Frauenherde, die dösenden Stiere, der Phallus auf seinem goldgepanzerten, unter dem riesigen Sonnenschirm aufblitzenden Wagen. Und an den Rändern die beiden Reihen der Schellenbaumschläger, Flötenspieler, Querpfeifer, Lautenträger, syrischen Zimbelschläger. Und noch weiter hinten die Sänften der Mütter Moesa, Soemia und der Christin Mammoea, die döst und von nichts Notiz nimmt.

Daß Heliogabal bei Sonnenaufgang, am ersten Tag der Iden des März in Rom einzieht, stellt zwar nicht aus römischer Sicht, doch aus derjenigen des syrischen Priesterstaates die verhüllte Anwendung eines zum machtvollen Ritus entwickelten Prinzips dar. Doch es ist vor allem ein Ritus, der vom religiösen Standpunkt aus bedeutet, was er eben bedeutet, doch vom Standpunkt der römischen Bräuche aus heißen will, Heliogabal ziehe als Herrscher in Rom ein, aber von Gnaden des Hinterteils, und lasse sich zunächst einmal vom römischen Reich sodomisieren.

Nach Abschluß der Krönungsfeierlichkeiten und dessen, was dieses päderastische Glaubensbekenntnis unterstreicht, richtet sich Heliogabal mit seiner Großmutter, seiner Mutter und deren Schwester, der heimtückischen Julia Mammoea, in Caracallas Palast ein.

*
* *

Heliogabal hat nicht erst seine Ankunft in Rom abgewartet, um die offene Anarchie zu predigen, und wo immer er ihrer ansichtig wird, unterstützt er sie, sofern sie theatralisch geschmückt, sofern sie poetisch ist.
Gewiß, er läßt fünf obskure Rebellen enthaupten, die im Namen ihrer kleinen demokratischen Individualität, ihrer nichtigen Individualität, auf die Krone Anspruch erheben. Doch er fördert die großartige Unternehmung jenes Schauspielers, jenes genialen Aufrührers, der sich bald für Apollonios von Tyana, bald für Alexander den Großen ausgibt und sich, auf dem Haupt die Skanderkrone, die er vielleicht aus dem kaiserlichen Gepäck stibitzt hat, bei den Völkern der Donauländer im weißen Gewande sehen läßt. Weit davon entfernt, ihn zu verfolgen, überträgt ihm Heliogabal einen Teil seiner Truppen und stellt ihm seine Kriegsflotte zur Verfügung, auf daß er die Markomannen bezwinge.
Doch alle Schiffe dieser Flotte sind leck, und eine auf sein Betreiben mitten im Tyrrhenischen Meer entfachte Feuersbrunst befreit ihn mit Hilfe eines theatralischen Schiffbruches vom Ansinnen des Usurpators.

*
* *

Heliogabal benimmt sich als Kaiser wie ein

Straßenjunge und unehrerbietiger Anarchist. Bei der ersten, etwas feierlichen Versammlung fragt er die Großen im Staat, die Vornehmen, die verfügbaren Senatoren, die Gesetzgeber aller Ränge ohne Umschweife, ob sie in ihrer Jugend auch Päderastie getrieben hätten, ob sie in der Sodomie, im Vampirismus, im Sukkubat und in der Unzucht mit Tieren bewandert seien, und er befragt sie, sagt Lampridius, mittels unflätigster Ausdrücke.

Man kann sich vorstellen, wie der geschminkte Heliogabal in Begleitung seiner Lieblinge und Frauen an diesen Greisen vorbeigeht, ihnen auf den Bauch tippt und fragt, ob sie sich in ihrer Jugend auch hätten sodomisieren lassen, und wie diese, bleich vor Scham, unter der Kränkung den Nacken beugen und lange an ihrer Demütigung kauen.

Ja mehr noch, er mimt in aller Öffentlichkeit die Bewegungen des unzüchtigen Aktes.

»Wobei er«, sagt Lampridius, »so weit ging, mit den Fingern Obszönitäten anzudeuten, war er doch gewohnt, bei den Versammlungen und vor dem Volk aller Scham zu trotzen.«

Gewiß spricht daraus nicht nur Kinderei, sondern der Wunsch, seine Individualität und seine Vorliebe für das Ursprüngliche, für die Natur, wie sie ist, gewaltsam hervorzukehren.

Es ist übrigens leicht, all das dem Wahnsinn

und der Jugendlichkeit zuzuschreiben, was bei Heliogabal nichts weiter als die systematische Herabwürdigung der Ordnung ist und seinem Wunsch nach einer großangelegten Entsittlichung entspringt.
Meiner Meinung nach ist Heliogabal kein Wahnsinniger, sondern ein Aufrührer.
1. Gegen die polytheistische römische Anarchie.
2. Gegen die römische Monarchie, die er sich in den Hintern gesteckt hat.
Doch die beiden Revolten, diese zwiefache Auflehnung vermengt sich in ihm, prägt sein gesamtes Verhalten, beherrscht während seiner vierjährigen Regierungszeit alle seine Handlungen, selbst die unbedeutendsten.
Seine Auflehnung ist systematisch und scharfsinnig, und er richtet sie zuallererst gegen sich selbst.
Verkleidet sich Heliogabal als Lustknabe und verkauft sich für ein paar Groschen vor den christlichen Kirchen und vor den Tempeln der römischen Götter, so hat er es nicht nur auf die Befriedigung eines Lasters, sondern auf die Demütigung des römischen Monarchen abgesehen.
Setzt er einen Tänzer an die Spitze seiner Prätorianergarde, verwirklicht er dadurch eine Art unbestreitbare, aber gefährliche Anarchie. Er verspottet die Feigheit der Monarchen, seiner Vorgänger Antoninus und Marcus Aurelius, und äußert die Meinung, als

Befehlshaber einer Polizeitruppe genüge ein Tänzer vollauf. Er nennt Schwäche Stärke und Theater Wirklichkeit. Er bringt die überkommene Ordnung, die Ideen, die einfachsten Vorstellungen von den Dingen durcheinander. Er betreibt eine gründliche Anarchie, die gefährlich ist, da er sich aller Augen aussetzt. Kurz, er riskiert seine Haut. Und so gehört sich's für einen mutigen Anarchisten.

Schließlich führt er seine Absicht einer Minderung der Werte, einer ungeheuren moralischen Zersetzung weiter, indem er seine Minister nach der Länge ihres Gliedes auswählt.

»An die Spitze seiner Nachtwachen«, sagt Lampridius, »setzte er den Kutscher Gordius und ernannte einen gewissen Claudius, der Sittenzensor war, zum Verwalter der Nahrungsmittel; alle anderen Ämter wurden im Hinblick darauf verteilt, ob die Männer durch die Ausmaße ihres Gliedes empfehlenswert waren. Als Prokuratoren des Zwanzigsten setzte er nacheinander einen Maultiertreiber, einen Läufer, einen Koch und einen Schlosser ein.«

Das hindert ihn nicht, aus dieser Unordnung, aus dieser schamlosen Lockerung der Sitten selbst Nutzen zu ziehen, die Obszönität zur Regel zu machen und hartnäckig, wie ein Besessener, wie ein Rasender ans Tageslicht zu zerren, was man für gewöhnlich verbirgt.

»Bei Festessen«, berichtet wieder Lampridius,

»setzte er sich mit Vorliebe neben käufliche Männer, er fand an ihren Berührungen Gefallen und schätzte es über alles, aus ihren Händen den Pokal, aus dem sie getrunken hatten, entgegenzunehmen.«
Alle politischen Ordnungen, alle Regierungsformen sind in erster Linie bestrebt, die Jugend niederzuhalten. Und auch Heliogabal ist bestrebt, die lateinische Jugend niederzuhalten, doch anders als alle anderen, nämlich indem er sie systematisch verdirbt.
»Er hatte den Plan«, sagt Lampridius, »in jeder Stadt Leute als Präfekten einzusetzen, deren Aufgabe es war, die Jugend zu verderben. Rom sollte vierzehn haben; und er hätte es auch verwirklicht, wenn er am Leben geblieben wäre, war er doch entschlossen, das Gemeinste, Männer niedrigster Stände, in Ehrenstellen zu erheben.«
Unbezweifelbar ist Heliogabals Verachtung der damaligen römischen Gesellschaft.
»Wiederholt legte er«, vermerkt wieder Lampridius, »eine solche Verachtung der Senatoren an den Tag, daß er sie Sklaven in der Toga nannte; das römische Volk bestand ihm zufolge aus Ackerbauern auf einem Fleck Land, und für den Stand der Ritter hatte er nur Geringschätzung übrig.«

Seine Vorliebe für Theater, für Poesie in Freiheit zeigt sich bei seiner ersten Heirat:
Er läßt für die ganze Dauer des römischen

Ritus an seiner Seite ein Dutzend betrunkener Narren Platz nehmen, die ununterbrochen »Marsch ins Loch, rein damit!« schreien, was bei den damaligen Sensationsschreibern, die davon Abstand nehmen, uns die Reaktion seiner Braut zu schildern, große Entrüstung hervorrief.

Heliogabal hat dreimal geheiratet. Zuerst Cornelia Paula, dann die oberste Vestalin, als dritte eine Frau, die Cornelia Paula ähnlich ist; dann läßt er sich scheiden, nimmt nochmals seine Vestalin und landet schließlich wieder bei Cornelia Paula. Dabei muß erwähnt werden, daß Heliogabal die oberste Vestalin nicht nimmt, wie ein Vorkriegsmaharadscha sich in der Pariser Oper die Primaballerina nimmt und heiratet, sondern in blasphemischer und frevelhafter Absicht, was die Wut eines anderen Geschichtsschreibers namens Dion Cassius erregt.
»Dieser Mann«, sagt er, »den man mit Ruten auspeitschen, ins Gefängnis werfen, den Gemonien hätte überantworten sollen, führt die Hüterin des heiligen Feuers in sein Bett und entjungfert sie, und alles schweigt dazu.«
Ich will festhalten, daß Heliogabal als erster Kaiser den Mut gehabt hat, einen Kriegsritus, das Hüten des heiligen Feuers, anzutasten und das Palladium zu schänden, wie es zu ihm paßte.

Heliogabal errichtet seinem Gott genau im

Zentrum der römischen Kultstätte einen Tempel, und zwar an der Stelle, wo der kleine, langweilige, dem Jupiter Palatinus geweihte Tempel stand. Er läßt diesen niederreißen und eine Kopie des Tempels von Emesa aufbauen, die in kleinerem Maßstab gehalten, aber prunkvoller ist.

Doch Heliogabals Eifer gegenüber seinem Gott, seine Vorliebe für Riten und fürs Theater kommen nie deutlicher zum Ausdruck als bei der Hochzeit des Schwarzen Steines mit einer ihm würdigen Gattin. Diese Gattin läßt er im ganzen Reich suchen. Um den heiligen Ritus selbst beim Stein zu vollziehen und die Wirksamkeit des Symbols zu erweisen. Und was die ganze Geschichtsschreibung als eine seiner vielen Verrücktheiten, als sinnlose Kinderei abtut, halte ich für den handgreiflichen, konsequenten Beweis seiner poetischen Religiosität.

Aber Heliogabal, der den Krieg haßt und dessen Regierungszeit durch keinen Krieg besudelt werden sollte, gibt Elagabalus entgegen den Vorschlägen, die man ihm macht, nicht das Palladium zur Gattin, dieses blutrünstige Palladium, diese Wiege der künftigen Soldatenbrut, über das die Pallas gebietet, die man eigentlich Hekate nennen sollte wie die Nacht, aus der sie hervorgegangen ist, sondern die Tanit-Astarte von Karthago, deren laue Milch fern von den dem Moloch dargebrachten Opfern verströmt.

Mag doch der Phallus, der Schwarze Stein, auf seiner Innenseite etwas wie ein von Göttern eingemeißeltes weibliches Geschlecht haben; Heliogabal will damit, durch diese verwirklichte Paarung, dartun, daß das Glied tätig und wirksam ist, und dabei fällt kaum ins Gewicht, daß das in effigie und abstrakt geschieht.

*
* *

Bei Heliogabals Grausamkeit kommt ein seltsamer Rhythmus zum Ausdruck; dieser Initiierte handelt stets geschickt und zwiespältig. Ich meine, stets auf zwei Ebenen. Jede seiner Gesten ist zweischneidig.

Ordnung, Unordnung
Einheit, Anarchie
Poesie, Dissonanz
Rhythmus, Disharmonie
Größe, Kinderei
Freigebigkeit, Grausamkeit

Von den unlängst erbauten Türmen seines Tempels für den pythischen Gott herunter schleudert er Korn und männliche Glieder.
Er ernährt ein kastriertes Volk.
Gewiß, es sind keine Theorben, keine Tuben, keine Asororchester zugegen bei diesen Kastrationen, die er zwar anordnet, aber jedesmal wie persönliche Kastrationen anordnet, als würde er selbst, Elagabalus, entmannt.

Ganze Säcke voller Gemächte werden anläßlich der Feierlichkeiten für den pythischen Gott in grausamstem Überfluß von den Türmen geschleudert.
Ich bin mir gar nicht so sicher, ob nicht doch ein Asor- und Nebelorchester mit kreischenden Saiten und harten Leibern irgendwo in den Tiefen der wendelförmigen Türme verborgen ist, um die Schreie der Schmarotzer, die kastriert werden, zu übertönen; doch diesen Schreien gefolterter Männer antwortet fast unmittelbar der Beifall des jubelnden Volkes, unter das Heliogabal den Ertrag mehrerer Kornfelder verteilen läßt.
Gut und Böse, Blut und Sperma, Rosenweine, duftende Öle und die kostbarsten Parfüms bilden zahllose Rinnsale um Heliogabals Freigebigkeit.
Und die Musik, die da herausdringt, überspringt das Ohr und findet ohne Instrumente, ohne Orchester zum Geist. Ich meine damit, daß der Klingklang, die Ausgeburten armseliger Orchester nichts sind gegen diese Ebbe und Flut, gegen diese Gezeiten, dieses Hin und Her seltsamer Dissonanzen, von seiner Freigebigkeit zu seiner Grausamkeit, von seinem Hang zur Unordnung zur Suche nach einer Ordnung, die auf die lateinische Welt nicht anwendbar ist.

Im übrigen wiederhole ich, daß Heliogabal außer Gannys' Ermordung, diesem einzigen

Verbrechen, das man ihm zur Last legen kann, nur die Kreaturen des Macrinus, der selber ein Verräter und Mörder war, hat umbringen lassen, und daß er mit Menschenblut bei jeder Gelegenheit sparsam gewirtschaftet hat. Während seiner ganzen Regierungszeit besteht ein krasses Mißverhältnis zwischen vergossenem Blut und wirklich getöteten Menschen.

Man kennt das genaue Datum seiner Krönung nicht, weiß aber, was seine Spenden an diesem Tag den Reichsschatz gekostet haben. Sie waren so gewaltig, daß seine eigene materielle Sicherheit gefährdet und seine Finanzen für die ganze restliche Regierungszeit mit Schulden belastet waren.

Er hört nicht auf, mit seiner Freigebigkeit der Vorstellung gerecht zu werden, die er sich von einem König macht.

Einen Elefanten will er sehen statt eines Esels, ein Pferd statt eines Hundes, einen Löwen, wo nur ein Tigerkätzchen und das ganze Aufgebot sakraler Tänzerinnen, wo nur ein Findelkinderaufzug vorgesehen war.

Überall Größe, Ausschweifung, Überfluß, Maßlosigkeit. Freigebigkeit und reinste Barmherzigkeit halten einer krampfartigen Grausamkeit die Waage.

Er beweint, wenn er über Märkte geht, das Elend des Pöbels.

Doch gleichzeitig läßt er im ganzen Reich beschnittene Matrosen ausfindig machen, Gefangene und ehemalige Mörder, und verleiht ihnen den Titel Nobiles; sie müssen ihm seine erotischen Rammeleien Stoß für Stoß heimzahlen und mit ihren schrecklichen Grobheiten die Turbulenz seiner Gelage würzen.

Er führt mit Zoticus die Schwanzvetternwirtschaft ein!
»Ein gewisser Zoticus war unter seiner Regierung so einflußreich, daß alle andern hohen Offiziere ihn wie den Prinzgemahl seines Herrn behandelten. Der besagte Zoticus nutzte diesen vertrauten Umgang obendrein aus und legte allem, was Heliogabal sagte oder tat, Bedeutung bei. Er war hinter großen Reichtümern her, drohte den einen, machte den andern Versprechungen, betrog jedermann, suchte, wenn er beim Herrscher gewesen war, jeden einzelnen auf und sagte ihm: ›Ich habe das und das über dich geäußert und das und das über dich zu hören bekommen; so wird sich die Sache für dich entwickeln‹ nach Art jenes Menschenschlages, der von den Herrschern mit allzu großer Vertraulichkeit bedacht wird, den Ruf sowohl eines guten wie eines bösen Herrn zu Geld macht und dank der Dummheit oder Unerfahrenheit der ahnungslosen Kaiser mit dem größten Vergnügen Gemeinheiten in Umlauf bringt ...«
Er weint beim Verrat des Hierokles wie ein Kind, was er ja auch noch ist, denkt aber nicht

daran, seine Grausamkeit gegen diesen Fuhrmann aus der Gosse zu richten, sondern wendet seine Wut gegen sich selbst und straft sich, läßt sich bis aufs Blut peitschen, weil er sich von einem Fuhrmann hat hereinlegen lassen.

Er gibt dem Volk, was es braucht:

BROT UND SPIELE

Selbst wenn er das Volk füttert, füttert er es mit Begeisterung, teilt er ihm jenen Sauerteig der Exaltation aus, den im Grunde jede echte Freigebigkeit enthält. Und das Volk wird nie angetastet, nie auch nur geritzt von seiner blutigen Tyrannei, die stets die Richtigen aufs Korn genommen hat.

Alles, was Heliogabal auf die Galeeren schickt, kastriert und auspeitschen läßt, sucht er sich unter den Aristokraten, den Vornehmen, den Päderasten seines eigenen Hofes, unter den Palastschmarotzern aus.

Er betreibt wie gesagt systematisch die Verderbnis und Zerstörung aller Werte und Ordnungen, doch wie erstaunlich ist es, welch ein Beweis für die unheilbare Dekadenz der lateinischen Welt, daß er dieses systematische Zerstörungswerk über vier Jahre hinweg vor aller Augen hat betreiben können, ohne daß irgend jemand protestiert hätte: und sein Sturz hat lediglich die Bedeutung einer simplen Palastrevolution.

*

* *

Doch wie Heliogabal von Frau zu Frau und von Fuhrmann zu Fuhrmann geht, geht er auch von Stein zu Stein, von Gewand zu Gewand, Fest zu Fest und Schmuck zu Schmuck. Anhand der Farbe und der Bedeutung der Steine, anhand des Schnittes der Gewänder, der Zurichtung der Feste und Anordnung der Kleinode, die an seiner bloßen Haut baumeln, unternimmt sein Geist seltsame Fahrten. Dabei sieht man ihn erbleichen, sieht man ihn erzittern auf der Suche nach einem Skandal, etwas Rüdem, woran er sich klammern kann angesichts der schrecklichen Flucht aller Dinge.

Hier wird eine Art höhere Anarchie offenbar, an der sich seine unergründliche Rastlosigkeit entzündet; er läuft in einer geheimnisvollen inneren Odyssee, die nach ihm keiner mehr unternommen hat, von Stein zu Stein, von Skandal zu Skandal, von Form zu Form und von Feuer zu Feuer, als liefe er von Seele zu Seele.

Täglich die Kleidung wechseln und über jedes Gewand einen Stein hängen, immer wieder einen anderen, dem Himmelszeichen entsprechenden, halte ich für eine Monomanie, die für denjenigen, der ihr frönt, wie auch für die andern gefährlich ist. Darin macht sich weit mehr als eine Vorliebe für kostspieligen Luxus, ein Hang zur sinnlosen Verschwendung geltend, – es zeugt von einem ungeheuren, unersättlichen geistigen Fieber, einer Seele, die nach Gefühlen, Bewegungen, Veränderungen lechzt, die auf Verwandlungen aus ist. Was immer der Preis sei, der bezahlt werden muß, und die Gefahr, der man sich dabei aussetzt.

Und lädt man Krüppel zu Gast, variiert man täglich die Formen ihrer Gebrechen, so scheint mir daraus eine beunruhigende Vorliebe für Krankheit und Elend zu sprechen, eine Vorliebe, die sich zu einer Suche nach Krankheit auf breitestmöglicher Ebene, also nach einer Art fortlaufenden Ansteckung entwickelt, die das Ausmaß einer Epidemie annimmt. Auch das ist Anarchie, aber geistige und scheinbare, und eine um so grausamere, um so gefährlichere, als sie subtil und versteckt ist.

Daß er einen ganzen Tag damit verbringt, ein Mahl einzunehmen, will heißen, daß er den Raum in die Verdauung der Speisen einbezieht und daß ein bei Tagesanbruch begonnenes Mahl mit dem Sonnenuntergang endet, nachdem es durch die vier Himmelsrichtungen hindurchgegangen ist.

Denn von Stunde zu Stunde, von Gericht zu Gericht, von Haus zu Haus und von Richtung zu Richtung verändert Heliogabal seinen Standort. Und das Ende der Mahlzeit zeigt an, daß er die Schleife gezogen, daß er den Kreis im Raum geschlossen hat und daß in diesem Kreis die beiden Pole seiner Verdauung enthalten sind.

Heliogabal hat die Suche nach Kunst, die Suche nach Ritus und Poesie mitten im absurdesten Prunk bis aufs äußerste getrieben.

»Die Fische, die er auftragen ließ, waren stets in einer Soße gekocht, die azurblau war wie das Meerwasser, auch hatten sie noch ihre natürliche Farbe. Er nahm eine Zeitlang Bäder in Rosenwein mit Rosen. Er trank dort mit den Seinen und parfümierte die Schwitzbäder mit Narde. Er goß Balsam statt Öl in die Lampen. Niemals umarmte er eine Frau, seine Gemahlin ausgenommen, mehr als einmal. Er richtete in seinem Haus für seine Freunde, seine Kreaturen und Diener Bordelle ein. Für ein Abendessen gab er nie weniger als hundert Sesterzen aus. Er übertraf in dieser Hinsicht Vitellius und Apicius. Er ließ die Fische von Ochsen aus den Fischteichen ziehen. Als er eines Tages einen Markt besuchte, weinte er über das allgemeine Elend. Er vergnügte sich damit, seine Schmarotzer an ein Mühlrad zu binden und mittels einer Drehbewegung bald unter Wasser zu tauchen, bald wieder hochkommen zu lassen: dann nannte er sie seine lieben Ixione.«

Nicht nur die römische Gesellschaft, auch das Land bringt er durcheinander.

»Es wird berichtet«, sagt wieder Lampridius, »er habe auf Seen, die von Menschenhand ausgehoben und mit Wein gefüllt waren, Naumachien gegeben, wobei die Mäntel der Kämpfer mit Rebendoldenessenz parfürmiert waren; er sei in Wagen, die mit vier Elefanten bespannt waren, auf den Vatikan gefahren, nachdem er die Grabmäler, die seiner Fahrt hinderlich waren, habe zerstören lassen; und er habe im Circus vier Kamele nebeneinander vor die Wagen spannen lassen.«

Sein Tod ist die Krönung seines Lebens; und er ist vom römischen wie von Heliogabals Standpunkt aus gerecht. Heliogabal hat den schmachvollen Tod eines Rebellen erlitten, der immerhin für seine Ideen gestorben ist.

Angesichts der allgemeinen, durch diesen Ausbruch poetischer Anarchie hervorgerufenen Entrüstung, die von der heimtückischen Julia Mammoea insgeheim angeheizt worden ist, hat sich Heliogabal doubeln lassen. Er hat neben sich eine Art zweiten Kaiser hingenommen, hat als Amtsgehilfen ein Zerrbild seiner selbst gewählt, den kleinen Alexander Severus, den Sohn der Julia Mammoea.

Doch Elagabalus, der Mann und Frau ist, kann nicht gleichzeitig zwei Männer sein. Das ist eine materielle Dualität, die für Heliogabal eine Beleidigung des Prinzips darstellt, und das kann Heliogabal nicht hinnehmen.

Er lehnt sich zum ersten Mal auf, doch statt gegen den jungen, jungfräulichen Kaiser das Volk aufzuwiegeln, das ihn, Heliogabal, liebt, dem seine Spenden zugute gekommen sind und über dessen Elend man ihn hat weinen sehen, versucht er ihn durch seine Prätoria-

nergarde, die immer noch von einem Tänzer befehligt wird und deren offene Rebellion er nicht merkt, ermorden zu lassen. Nun macht seine eigene Polizei Miene, ihre Waffen gegen ihn zu kehren; und Julia Mammoea treibt sie dazu an; doch da greift Julia Moesa ein. Heliogabal kann rechtzeitig fliehen.
Alles renkt sich wieder ein. – Heliogabal hätte die vollendete Tatsache hinnehmen und diesen bleichen Kaiser, der zwar nicht beim Volk, doch zumindest bei den Militärs, der Polizei und den führenden Persönlichkeiten beliebt ist und auf den er eifersüchtig ist, neben sich dulden können.
Doch nun offenbart Heliogabal im Gegenteil gerade alles, was er ist: ein zuchtloser, fanatischer Geist, ein echter König, ein Rebell, ein rasender Individualist.
Hinnehmen, nachgeben hieße Zeit gewinnen, hieße seine Absetzung bestätigen ohne die Gewähr, dann in Frieden leben zu können, denn Julia Mammoea ist am Werk, und er spürt recht wohl, daß sie nicht verzichtet. Zwischen der absoluten Monarchie und ihrem Sohn ist nur noch eine Brust, eine große Seele, der diese sogenannte Christin jedoch nur Haß und Verachtung entgegenbringt.
Leben um Leben, es gilt das Leben! Dasjenige des Alexander Severus oder sein eigenes. Das hat Heliogabal allerdings begriffen. Und er beschließt bei sich, es solle das Leben des Alexander Severus sein.

Die Prätorianer haben sich nach diesem ersten Alarm beruhigt; alles ist wieder in Ordnung, doch Heliogabal schickt sich an, die Feuersbrunst, die Unordnung aufs neue anzufachen und damit zu beweisen, daß er seinem Handeln treu bleibt!

Von Abgesandten aufgewiegelt, versuchen Leute aus dem Volk, Fuhrleute, Artisten, Bettler und Schmierenkomödianten, den Teil des Palastes zu stürmen, wo in einer ganz bestimmten Nacht im Februar 222 Alexander Severus unmittelbar neben Julia Mammoeas Schlafzimmer ruht. Doch der Palast ist voller bewaffneter Wachen. Der Lärm gezogener Schwerter, der mit wuchtigen Schlägen bearbeiteten Schilde und der kriegerischen Zimbeln, welche die in allen Räumen des Palastes versteckten Truppen zusammenrufen, reicht aus, das nahezu unbewaffnete Volk in die Flucht zu schlagen.

Nun wendet sich die bewaffnete Wache gegen Heliogabal und sucht ihn im ganzen Palast. Julia Soemia hat die Bewegung wahrgenommen; sie eilt herbei. Sie findet Heliogabal in einer Art Seitengang, ruft ihm zu, er solle fliehen. Und sie begleitet ihn auf der Flucht. Von allen Seiten ertönen die Rufe der nahenden Verfolger, ihr wuchtiger Schritt läßt die Mauern erbeben, namenlose Panik erfaßt Heliogabal und seine Mutter. Von allen Seiten wittern sie den Tod. Sie stürzen in die Gärten, die im Schatten großer Pinien zum Tiber hinabführen. In einer abgelegenen Ecke, hinter einer dichten Reihe Stecheichen und duftender Buchsbäume erstrecken sich im Freien die Latrinengräben der Soldaten wie Furchen, die die Erde aufwühlen. Der Tiber ist zu weit weg. Die Soldaten sind ganz nah. Heliogabal stürzt sich in irrer Angst mit einem einzigen Satz in die Latrinen, versinkt in den Exkrementen. Das ist das Ende.

Die Schar, die ihn gesehen hat, holt ihn ein; und schon packen ihn seine eigenen Prätorianer am Schopf. Und jetzt spielt sich eine Fleischbankszene ab, ein ekelhaftes Gemetzel, ein antikes Schlachthofbild.

Exkremente mischen sich mit Blut, spritzen hoch mitsamt dem Blut auf den Schwertern, die im Fleisch von Heliogabal und seiner Mutter herumstochern.

Dann werden ihre Leichen bei Fackellicht weggekarrt, durch die Stadt geschleift vor dem entsetzten Pöbel, vor den Häusern der Patrizier, die ihre Fenster öffnen und Beifall klatschen. Eine ungeheure Menschenmenge zieht hinter diesen jämmerlichen Fleischklumpen, die schon ausgeblutet, aber noch besudelt sind, zum Tiberufer hinunter.

»In die Gosse«, heult jetzt der Pöbel, der sich Heliogabals Spenden einverleibt, doch nur zu gut verdaut hat.

»In die Gosse mit den beiden Leichen, Heliogabals Leiche in die Gosse!«

Die Soldateska hat sich am Blut und am obszönen Anblick dieser beiden entblößten, verwüsteten Körper, die alle ihre Organe, selbst die verborgensten, preisgeben, geweidet und versucht nun, Heliogabals Leichnam in den erstbesten Kanalschacht zu stopfen. Doch so schlank er ist, er ist noch zu breit. Man muß sich etwas anderes einfallen lassen.

Man hat Elagabalus Bassianus Avitus, auch Heliogabal genannt, bereits den Spitznamen Varius gegeben, weil er aus mancherlei Samen gebildet war und von einer Prostituierten abstammte; man hat ihm später die Namen Tiberinus und Tractaticius gegeben, weil er geschleift und nach dem Versuch, ihn in die Gosse zu stecken, in den Tiber geworfen worden ist; doch vor der Gosse hat man ihn zurechtzufeilen versucht, weil er zu breite Schultern hatte. Man hat ihm also die Haut abgezogen und das Skelett, das man heil zu lassen geruhte, bloßgelegt; und so hätte er wohl noch die beiden Namen »Der Gefeilte« und »Der Gehobelte« verdient. Doch er ist, obzwar zurechtgefeilt, natürlich immer noch zu breit, und so wird sein Leichnam in den Tiber geworfen, der ihn, und ein paar Strudel hinter ihm Soemias Leichnam, mitfortreißt ins Meer. So endet Heliogabal, ohne Inschrift und ohne Grab, doch mit einem grausigen Leichenbegängnis. Er ist feige gestorben, doch im Zustand offener Rebellion; und ein solches Leben, gekrönt von einem solchen Tod, spricht, wie mir scheint, für sich selbst.

ANHANG I
DAS SCHISMA DES IRSHU

Fabre d'Olivet spricht in seiner Histoire philosophique du genre humain* *ausführlich von einer ursprünglichen Scheidung der Substanzen, die auf göttlicher wie menschlicher Ebene statthabend verstanden werden muß. Dabei ist der zweite Vorgang nur der Reflex und sozusagen die historische Folge des ersten: des himmlischen Vorganges, der am Ursprung aller Dinge steht und lediglich reine Kräfte einsetzt.*

Jedenfalls beginnen die Völker, die auf Metaphysik versessen sind, sich lange nach Ansiedlung der Hindus im Gebiet von Pallisthan um eine Prinzipienfrage zu streiten, um derentwillen mehr und viel länger Blut geflossen ist als in allen neuzeitlichen Kriegen zusammen.

Während in barbarischen Zeitaltern wie dem unsern die höchsten geistigen Fragen nicht darüber hinausgehen, wie ein Nahrungsmittelüberschuß an entkräftete Völker, die buchstäblich Hungers sterben, verteilt werden kann, hat der prähistorische Mensch glorreiche Zeiten erlebt, wo man noch für Ideen in den Krieg gezogen ist.

Wer sich für die Frage interessiert, wer Metaphysik für erregender hält als die Ermittlung

* Antoine Fabre d'Olivet (1768-1825), *De l'Etat soziale de l'homme ou Vues philosophiques sur l'Histoire du genre humain* (1822). *Anm. d. Übers.*

der für die körperliche Liebe günstigsten Stellungen, wessen Geist gegebenenfalls noch fähig ist, sich über die Stufen einer angemessenen Abstraktion bis zu den Prinzipien zu erheben, womit er nur seinem eigenen organischen Gesetz folgt, mag vernehmen – und hier stütze ich mich auf Fabre d'Olivet –, daß die Menschen langezeit an das Vorhandensein eines einzigen Prinzips geistiger Natur, von dem sich alles herleitet, geglaubt haben.

Doch eines Tages machen besagte Menschen, indem sie vom Studium der Musik ausgehen, eine niederschmetternde Entdeckung. Es wird ihnen klar, daß der Ursprung der Dinge, den sie für einfach gehalten hatten, ein zwiefacher ist und daß die Welt, weit davon entfernt, aus einem einzigen Prinzip hervorzugehen, das Ergebnis einer zusammengesetzten Zweiheit *ist. Ein Zweifel ist unmöglich: die Tatsachen liegen vor; die Tatsachen, das heißt die transzendente Analyse der Musik oder vielmehr des Ursprungs der Töne. Wie weit man die Erzeugung der Töne zurückverfolgt, man findet stets zwei Prinzipien, die gleichlaufend wirken und sich zusammenfügen, um Schwingungen zu erzeugen. Und außerhalb dessen gibt es nur die reine Wesenheit, das nicht analysierbare Abstrakte, das unbestimmte Absolute oder, wie Fabre d'Olivet sich ausdrückt, »das Intelligible«.*

Und zwischen dem »Intelligiblen« und der Welt, der Natur, der Schöpfung gibt es genau

die Harmonie, die Schwingung, die Akustik, die den ersten Übergang darstellt, den subtilsten und formbarsten, der das Abstrakte mit dem Konkreten vereinigt.
Besser als der Geschmackssinn, das Licht, der Tastsinn, besser als ein leidenschaftliches Gefühl, ein aus reinsten Beweggründen erzeugter seelischer Aufschwung legt der Ton, legt die akustische Schwingung über den Geschmackssinn, das Licht und die Erzeugung erhabenster Leidenschaften Rechenschaft ab.
Wenn der Ursprung der Töne ein doppelter ist, ist alles doppelt. Und hier beginnt die Verwirrung. Und die Anarchie, die den Krieg erzeugt, und die Abschlachtung der Anhänger.
Wenn es nämlich zwei Prinzipien gibt, ist das eine männlich und das andere weiblich.
Indessen glauben die Anhänger des Männlichen, und das ist die Ursache des Krieges, nicht an die Koexistenz der Prinzipien; für sie steht weiterhin das intelligible Männliche allein am Ursprung aller Dinge.
Und in einem Land wie Indien, wo man an den Vorrang eines einzigen Prinzips männlicher Natur glaubt, stellt das Schisma des Irshu in vorgeschichtlicher Zeit die Revolte der Anhänger der Frau dar, die von Irshu gegen die von Tarak'hyan, einem Bruder des Irshu, angeführten Anhänger des Mannes geführt wurden.
Der Krieg endet mit der Niederlage der Frau, deren Anhänger in heller Auflösung in einen

unermeßlichen Raum zurückströmen und an den Ufern des Mittelmeeres stranden.
Mit der Zeit verändert sich ihr Name; und nachdem sie Palli (oder Hirten) gewesen waren, werden sie Yoni (die Vagina) und schließlich, abgeleitet von der Menstruation, in die sie sich bei unaussprechlichen Mahlzeiten teilen, Pinkshas (die Roten).
Ein vom Gelb der Menstruationssäfte verfärbtes Rot ist der Ursprung des in der ganzen Antike berühmten tyrischen Purpurs.

ANHANG II
DIE SONNENRELIGION IN SYRIEN

Und hier zum Schluß, wie ich mir die vielen Tempel, ihre gegensätzlichen Kulte, die Atmung der Steine, die blutigen Operationen und den Lauf der Gallen, das Belfern der Orakel, das Grollen des Himmels erkläre, – und jenen ganzen heiligen Lärm, den das Syrien Heliogabals, dessen gleichsam satanische Brunft inmitten blutiger Riten erbebt, zweihundert Jahre nach Christus noch hervorbringt.

Die Religion von Emesa ist magisch, weil sie den Begriff der großen Prinzipien ganz konkret bewahrt hat. Und das Heidentum stellt in seiner initiierenden und höheren Bedeutung die Auseinandersetzung mit den großen Prinzipien dar, die immer noch im Blut der Individuen lebt und webt. Und der Begriff der Prinzipien ist gleichbedeutend mit dem Begriff jenes Krieges, den sich die Prinzipien anfänglich liefern mußten, um die Schöpfung ins Gleichgewicht zu bringen.

Das Heidentum vollzieht in seinen Riten und Festlichkeiten nochmals den Mythos der ersten, der ganzen Schöpfung, die das Christentum, das die Erlösung betont, nur teilweise und lediglich auf geschichtlicher Ebene preist, während das Heidentum sie umfassend und im Prinzip preist.

Und Heliogabals päderastische Religion, die

Religion der Scheidung des Prinzips, ist nur deshalb abstoßend, weil sie diesen transzendenten Begriff verloren hat und in der Sinnlichkeit der Schöpfung in actu, der sexualisierten Schöpfung, versinkt.

ANHANG III
DER TIERKREIS DES RAM

Der Tierkreis des Ram entspricht mit seinen zwölf Abteilungen der Ziffer 12, die in der pythagoräischen Überlieferung die Ziffer der Natur ist. Nun ist die Feststellung merkwürdig, daß 12 die Ziffer der Aneinanderreihung der beiden Prinzipien ist: Gott, Natur; Geist, Materie; Mann, Frau, – jedoch im Zustand der Bewegungslosigkeit und zum Zeitpunkt, wo sie noch nicht wirksam, wo sie noch 1 und 2 sind.

Doch 12 erhält man seinerseits durch die Multiplikation von 3 mit 4: 3 im Prinzip mal 4 im Wahrnehmbaren. Und so kann man sagen, daß die 4 großen Menschenrassen den gottgewollten Abteilungen im Tierkreis des Ram gleichsam wie organische Echos entsprechen.

Frieda Grafe
Ein Buch ist kein Buch

Wenn man mir von irgend etwas sagt, es sei wahr, frage ich mich immer, welches Wahre da gemeint sein könnte und inwieweit nicht der Begriff, den man von einem begrenzten und objektiven Wahren haben kann, das andere überdeckt, das hartnäckig aller Einkreisung, aller Eingrenzung, aller Lokalisierung sich entzieht, und das sich letztlich dem entzieht, was man das Reale nennt.

Damals, als der Orient in Rom einbrach, als die Barbaren über den gepflegten, demokratischen Ackerbauernstaat hinweggingen, begann in ebendem Maß, in dem Rechtstitel und -ansprüche der Männer an Bedeutung verloren, der Samen, das Sperma in Strömen zu fließen. Jeder schlief mit jedem. Was erklärt, daß es Artaud unterläuft, sich in der Genealogie seines Helden zu verirren. Ihn zum Sohn seiner Großmutter zu machen. *Varius* hieß Heliogabal mit einem seiner zahlreichen Namen, wegen der Menge der Hypothesen über seine Herkunft. Eins ist relativ sicher: auf den römischen Thron kam er über Julia Soemia. Sie beging Ehebruch mit ihrem Vetter Caracalla, erzählte ihre ehrgeizige Mutter, Julia Moesa, den römischen Legionären. Die darauf Heliogabal auf den Schild hoben. (Wodurch nicht ausgeschlossen wird, daß auch die Großmutter mit Caracalla schlief.) Caracalla schon war als römischer Kaiser halber Orientale, durch seine Mutter Julia Domnia, Schwester der Julia Moesa, aus dem Sonnenpriestergeschlecht von Emesa, die um das Jahr 179 den Kaiser Septimius Severus heiratete.
Heliogabals zweifelhafte Herkunft ist ein erster Affront für die römische Welt. Ihn kümmert nicht die Abstammung von einem irdischen Vater. Er ist aus dem Geschlecht des Sonnengotts. Seine Entpersonisierung beginnt mit seiner Geburt.

die Daten sind wahr, alle *historischen Ereignisse, deren* Ausgangspunkt wahr ist, *sind* interpretiert,

Auf Artauds Quellenangaben ist soviel Verlaß wie auf seine Gewährsmänner. Ein lateinischer Geschichtsschreiber, Don Cassius, berichtet. Nach genauer Berechnung kann es nur Herodian gewesen sein, vielleicht auch Lampridius. Überhaupt, ihre Wahrheiten sind so objektiv, wie sie vom Standpunkt des Römers sein können, für den barbarisch und schändlich ist, was sich nicht mit seinen Vorstellungen deckt. Aber sie schreiben gern über Heliogabals Schändlichkeiten, das kommt ihrer schmutzigen Fantasie entgegen; so erledigen sie ihre Verdrängungen. Das Fremde, das Andere in der Gestalt Heliogabals als das dem Eigenen Komplementäre zu erfassen, soweit dringen diese Annalenschreiber, diese Klatschkolumnisten nie vor. Artaud ist sein erster rechtmäßiger Biograph.

Aber kommen wir zu seiner dokumentarischen Beschreibung zurück. Sie hat den Vorteil, eine gewisse Anzahl konkreter, wenn auch oberflächlicher Details festzuhalten, und sie unterstreicht den angeborenen Sinn, die Liebe zu falschen oder echten Äußerlichkeiten bei einem Volk, für das das Theater nicht auf der Bühne, sondern im Leben war.

viele Details sind erfunden, die Esoterischen Wahrheiten sollten ihrem Geist nach wahr sein; sie sind häufig und absichtlich ihrer Form nach verfälscht: aber die Form ist nichts; manches ist forciert, manche Bilder sind übertrieben, Behauptungen unhaltbar; aber dadurch breitet sich eine Atmosphäre von Kopflosigkeit aus, in der das Rationale den Boden unter den Füßen verliert, der Geist aber völlig gewappnet weiter vordringt.

Wenn Lukian, statt uns eine äußerliche Beschreibung des Tempels von Hieropolis zu geben – und nie ist seine Beschreibung äußerlicher, als wenn er so tut, als vergewaltige er dessen Schoß, als dringe er in seine Geheimnisse ein –, nur das geringste Interesse an den Prinzipien gehabt hätte.

Es fehlt das Notierungssystem, das ganz, innen und außen, erfaßte, worin Heliogabals Leben hinausgeht über Bücher, über Schriftzeichen. Es sprengt die Sprache, die von einer alles andere ausschließenden Rationalität gegängelt wird. Gegen sie richtet sich sein theatralisches Leben.

Wir haben nichts zu tun mit der Literatur: Aber wir sind sehr wohl in der Lage, wenn es sein muß, uns ihrer zu bedienen wie jeder andere.

Abbilder, Mythen, Riten sind unabtrennbare, sichtbare Teile – nicht bloß Zeichen, Repräsentanten – einer nicht darstellbaren Realität. Sie zu erklären, bringt nichts. Das legt nur neuerliche Formenschichten über Formen, die als Endprodukt einer Aktivität nur Sinn haben, wenn man sie sofort zerstört.

Und so endet Heliogabal, ohne Inschrift, ohne Grab ein solches Leben, gekrönt von solch einem Tod, braucht, denke ich, **kein Nachwort.**

Ich habe es nie ertragen können, daß man an den Versen eines großen Dichters vom Standpunkt der Semantik, der Geschichte, der Archäologie oder der Mythologie herumfummelt –
die Verse erklären sich nicht.
Überlassen wir den Paukern die Textkritik und den Ästheten die Formkritik, und sehen wir doch, daß das, was gesagt worden ist, nicht mehr zu sagen ist.

Keine Interpretation, wie die westliche Kultur sie versteht, als rationalisierende Rede, die die nicht kommunikative, nicht informative Sprache begleitet und letztlich erst rechtfertigt. Artauds Buch erklärt nichts, ausgenommen seine absolute Nutzlosigkeit. Sie verändert die bekannten Daten und Fakten, mit denen es operiert, die bekannten Autoren, die es tradiert. Artaud kehrt den üblichen Vorgang um: er begleitet mit einem poetischen Diskurs ein Genre, daß seine Berechtigung immer aus seiner Objektivität zog und deshalb nie nötig hatte, über seine Voraussetzungen Rechenschaft abzulegen: über seine Existenz in der Sprache.
Nicht alle Interpretation wird tabuiert, nur die, die an sichere, sinnvolle, abschließende Worte zu ihrer Verfügung glaubt. Nicht die, die als ande-

Man muß annehmen, daß das essentielle Drama, das allen Großen Mysterien zugrundeliegt, mit dem zweiten Stadium der Schöpfung zusammengeht, dem der Mühe und des Double, dem der Materie und der Verdichtung der Idee. Offensichtlich kann es da, wo Einfachheit und Ordnung herrschen, weder Theater noch Drama geben, denn das wahre Theater, wie übrigens auch die Poesie – die nur auf anderen Wegen –, entsteht aus einer sich organisierenden Anarchie.

Der einfache Ursprung ist eine christliche Idee.

rer Text an den Text sich fügt, ohne absehbares Ende, weil, das sagt Freud, ein Knäuel von Gedanken, dem Unerkannten aufsitzend, nach allen Seiten hin in die netzartige Verstrickung unserer Gedankenwelt auslaufend.
Kein singulärer Autor, keine individuelle Erfindung, neue Verwendung von Altem. Das poetische Leben Heliogabals ist Kunst, es bedarf zu seiner Inszenierung keiner Bühne. Es stellt sich nicht als Leben dar, es verweist auf etwas Virtuelles, und alle Mittel sind recht, die beitragen zur Auflösung des bloß Realen, der Widerspiegelung. Ein Buch ist die beste Bühne zur Aufführung des theatralischen Lebens von Heliogabal.

Ich bin der Feind des Theaters
Ich bin es immer gewesen.
So sehr ich das Theater liebe,
so sehr bin ich, aus eben dem Grund, sein Feind.

Das Double, das den zweiten Schritt der Schöpfung markiert, ist das Komplement zur Verhinderung der Vorstellung von einer anfänglichen Einheit. Als auflösende, in diesem Sinn analysierende Interpretation ist es deren Widerspruch, gleichwertig und deshalb in Opposition zum westlichen, idealistischen, undialektischen Mythos von Schöpfung.

Der »Heliogabal« war eine Auftragsarbeit, die 1934 bei Denoël erschien. Ein Disponieren von Texten und Fakten, mit dem Artaud das Signifikat seiner anderen Tätigkeiten zum Signifikanten macht. Daran wird ablesbar, wie zu nehmen und zu behandeln ist, was als seine Werke, Abfälle sagt er selbst, sein Leben begleitet.
Lange Zitate wechseln vor allem im dritten Teil des Buchs mit eigenen Texten. Heterogene Blökke. Die Geschichte Heliogabals stellt sich dar als Dialog aus Schreibweisen und mit dem, was man Quellen zu nennen pflegt. Nicht um ein bisher unvollständiges Bild zu ergänzen. Schichten, Geschichtssedimente werden abgetragen, um den Anfängen nicht der Gestalt, sondern seiner Prinzipien näherzukommen. Aber die Ursprünge verlieren sich.

Aber auch dieser Text von Photius ist selbst kein originales Werk sondern die Kopie eines verlorenen Buches, welches, der Zahl der Schriftsteller nach, die sich darauf berufen
eine wahre Bibel
In einem anderen Kapitel seines Buches versteckt sich derselbe Photius wieder einmal hinter den Aussagen des Severus.

Alle Bücher sind nur Bücher nach Büchern. Nicht individuelle Erfindung: schillernde Annäherungen an ein nie erreichtes Virtuelles. Sie sind weder Ausdruck einer Wahrheit, noch stellen sie einen Inhalt dar. Ihre Überdeterminiertheit muß man sehen, um ihre Autoriät nicht zu überschätzen. Das hindert sie, sich in Formen, Definitionen, Abfall zu verfestigen.

Ich habe nie irgend etwas erfunden,
meine Werke werden bleiben
aber unbenannt
Ich, der eine fremde Sprache spricht
aber mit einem unverkennbaren Akzent

ein Theater, das den Autor ausschaltet zugunsten dessen, den wir im heutigen, westlichen Jargon den Regisseur nennen würden; aber der wird eine Art magischer Vollstrecker, Meister sakraler Zeremonien. Und die Materie, die er bearbeitet, die Themen, die er pulsieren läßt, sind nicht von ihm ... Dem Betrachter kann nicht einmal in den Sinn kommen, an Simulation, an lächerliche Imitation von Wirklichkeit zu denken.

dieser Initiierte macht alles kunstvoll und alles doppelt. Ich will sagen, auf zwei Ebenen. Jede seiner Gesten ist zweischneidig.

Artauds Schreiben ist Darstellung seiner Lektüre, es erzählt sein eigenes Entstehen. Die Sätze werden abgelenkt von der Linie. Das Sichtbare assoziiert Verdecktes. Es ist ein strategischer Punkt, eine Kreuzung. Eine Buchseite wird zur Akkumulation von Spuren, Bruchstücken, Zitaten, deren Bezüge wichtiger sind als ihre Aussage.

Von 1931, nach seiner Begegnung mit dem balinesischen Theater. Nichteuropäische Denksysteme und Darstellungsweisen – Mexiko, Indien, Tibet, China – wurden für ihn zu Aussichtspunkten auf die eigene Kultur. Reflexionsort, bei größtmöglicher Distanz, von dem aus die Voraussetzungen der eigenen Kultur und die Gründe ihres Verfalls denkbar werden. Von dort her artikuliert er sein Mißtrauen gegen den westlichen Kulturprovinzialismus, gegen die ideologischen Implikationen seiner Philosophie und seiner Wissenschaften. Er deckt den Imperialismus auf hinter dem ausschließlichen Anspruch des logischen Denkens. »Heliogabal« setzt ihren Zusammenstoß, den von Orient und Okzident in Szene.

Heliogabal ist beides in einer Person, Ost und West, und alle theatralischen Gesten seines kurzen Lebens sind darauf aus, Dualität zu repräsentieren, die nie zur Einheit fusioniert. Als römischer Kaiser, als Herr über die, die er verachtete, weil sie stumpfsinnig und gierig den Blick auf die Erde gerichtet hielten, in Erwartung der Ernte, inthronisiert er die Verschwendung, die Nutzlosigkeit, demoralisierende Rituale.

Ich habe das »Leben Heliogabals« geschrieben unter anderem, um denen, die es lesen werden zu helfen, die Geschichte ein wenig zu verlernen; aber nichtsdestoweniger den Faden zu finden.

Wir behaupten gar nicht, an den Sitten der Menschen etwas ändern zu können, aber wir haben uns vorgenommen, ihnen die Zerbrechlichkeit ihrer Gedanken klarzumachen und auf welch unsicherem Grund, über welchen Kellern ihre schwankenden Häuser ruhen.

In einer Welt, die sich gerade anschickt, das Christentum aufzunehmen, verkörpert Heliogabal alles das, was von ihm dann verdrängt wurde; in der Welt, die sich bald vorbehaltlos dem geschlechtslosen Logos unterwirft, das Auflodern aller Religionen, in denen die Sexualität als lebensspendendes Prinzip heilig gehalten wurde. Der barbarische Orient, der die Grenzen der klassischen Zivilisation definierte, dringt ins Innere, verändert ihre sicheren Werte und überschwemmt ihr Selbstbewußtsein mit ihrem Unbewußten.

Dem Faden nachgehen, der zu fundamentalen Kategorien unseres Denkens führt. Nur wie, wenn eine von rationaler Logik geprägte Sprache als Okkultismus, als Barbarei verwirft, was zu ihnen führen könnte. Bestimmte Wörter seien nicht mehr verwendbar, ohne daß man Gefahr laufe, als Prediger verschrien zu werden. Die Augen stupide auf das gerichtet, was eine Sache abwirft. Aber die Funktion der Wörter erschöpft sich nicht in ihrem Ausdruck. Sie haben taktische Funktion. In ihrem Pathos liegt mehr als bloß Sinn.

Heliogabal, der systematisch und mit Vergnügen die Pervertierung lateinischer Denk- und Lebensweise betreibt, führt sein theatralisches Leben, um der Körperlichkeit Geltung zu verschaffen, um auf die Materie hinzuweisen als Inkarnationsgrund aller Geistigkeit.

Die Stilbrüche in Artauds Text, die Vermischung von Hoch und Niedrig umschreiben die gleiche Idee. Sie sind nicht nur Kabarett. Sie stellen mit

Und ich sage Scheiße zum Geist

Heliogabals Verständnis von Theater und Poesie in Freiheit lassen ihn den römischen Thron in eine Bühne verwandeln. Ein Ärgernis den Römern, die nicht gewohnt sind, Kunst als Teil ihres Lebens zu sehen. Die Rituale und Umzüge zu Ehren seines Gottes sind die exakte Verwirklichung des Theaters, zu dem Artaud die westliche Bühne zurückbringen möchte: ohne Autor und ohne Abhängigkeit vom Wort, von einem präexistenten Text. Selbstpräsentation des Sichtbaren, in der das sprechende Subjekt seine Identität verliert, gleichzeitig Zuschauer sein kann und Akteur, bei der kein Werk, keine Bedeutung, kein Sinn sich absondern kann.
Das Buch »Heliogabal« ist *eine* – eine ideale – Station des Theaters der Grausamkeit.

auf Wirkung bedachte Weise die Filiation dar vom klassischen Denken, übers Christentum bis zu Hegel mit seiner Kritik an der »morgenländischen Kunst«, die keine sei, weil sie sich vergeblich bemühe, das Unendliche in Ausdruck zu fassen und nie wirklich bis zum Absoluten vordringe.

Sie rebellieren gegen eine Kultur, die ausgezehrt wurde von ihrer ausschließlichen Ausrichtung auf den Logos, den absoluten Geist, in der alle Kunst Dienerin der Idee ist.

Wahr oder nicht, die Gestalt Heliogabals lebt bis in ihre tiefsten Tiefen, ob nun die der historischen Figur Heliogabal oder die einer Figur, die ich bin
in der Konzeption der Hauptfigur, in der ich mich selbst beschrieben habe.

Ich habe mich auf nichts Bestimmtes eingelassen, und vor allem nicht darauf, meine Erzählung eher so als so zu führen, und wenn sie kreisförmig abgefaßt ist und wie eine Spirale, und das Denken immerfort so wirkt als käme es auf das Denken zurück

Nicht in dem Sinn, in dem die bürgerliche Kunst aus jedem Drama ein mindestens so gutes Lesedrama machte. »Heliogabal« ist Theater der Grausamkeit, weil es eine Bühne im Sinn unseres Theaters für das Theater nicht geben kann.

Affirmation
einer schrecklichen
und übrigens unausweichlichen Notwendigkeit.

Elagabal, der Sonnengott, wird dargestellt durch einen Konus aus schwarzem Marmor, der sich über einer Vagina erhebt.

Der Tanz
und folglich das Theater
haben noch nicht zu existieren begonnen

»Der Turm von Babel« sollte das erste Stück des Theaters der Grausamkeit heißen, so steht es in einem Gedicht. Rekonstruktion eines wahren Mythos der Menschheit, Sprachverwirrung, die sich auswächst im Raum, nie fertige Konstruktion, Darstellung eines Mangels, Imitation von keiner Realität.
Der »Heliogabal« ist auch deshalb eine Episode des Theaters der Grausamkeit, weil er sich lesen läßt wie ein Text zu Texten, die Artaud unter dem Titel »Das Theater und sein Double« zusammenfaßte. Sein so schwer denkbarer Begriff vom Double mit ständig wechselnden negativen und positiven Vorzeichen nimmt Form an in Heliogabal, dessen Wankelmut und Ruhelosigkeit Artaud beschreibt, das Konvulsivische seiner Natur und das Gleitende seines Geistes. Wie das Theater und sein Double das Theater, das Spiegel ist, zerstören, verhindert Heliogabal die Konstituierung der einen Wahrheit, der Einmaligkeit, der Unverwechselbarkeit. Heliogabal, der die Venus spielt in Ritualen, der gleichzeitig Mann sein möchte und Frau und gleich seinem Gott.

Sein ganzes Leben lang bleibt Heliogabal Opfer der sich anziehenden Gegensätze, wird er hin- und hergerissen zwischen den Polen.

Alle diese kleinen Könige in ihren langen Talaren, die mit ihren Gebetsmühlen, Sonnenspiegeln, ihrer rituellen Menagerie, ihren Windinstrumenten, mit Riten sich brüsten, die sie sich selbst nicht erklären könnten, haben von ihrer spirituellen Königswürde nur Zeichen bewahrt, die längst zu bloßem Spielzeug herabgesunken sind.

Der Baal-Kult, der in der Form, in der er sich zur Zeit Heliogabals ausgebildet hatte, nur ein schwa-

Warum, fragt Artaud, führt gerade ein Diener und Repräsentant des Sonnenkults, der auf der Vergöttlichung des virilen Prinzips beruht, sich auf wie eine Frau. Warum diese päderastische Verschmelzung von Königtum und Priesterwürde, in der die Frau Mann sein möchte und der Mann sich zu geben versucht wie eine Frau.

Warum, fragt auch Freud anläßlich androgyner Darstellungen, nimmt die menschliche Fantasie keinen Anstoß daran, daß eine Gestalt, die ihr das Wesen der Mutter verkörpern soll, mit dem zur Mütterlichkeit gegensätzlichen Zeichen der männlichen Kraft versehen wird. Die Erklärung der Mythologen, erst die Vereinigung von Männlichem und Weiblichem ergebe eine würdige Darstellung göttlicher Vollkommenheit, reicht ihm nicht aus.

Die Herausforderung des Orients an die klassische Welt, die Annullierung von Vaterschaft, von männlicher Erbfolge, damit die Aufhebung ihres Grundgesetzes, ihrer Grundordnung und ihre Ersetzung durch die androgyne Unordnung ist nur die äußerlichste Schicht androgyner Form im »Heliogabal«. Viel wichtiger ist, daß die, die sie in ihren Riten verwenden, ihren tieferen Sinn selbst nicht mehr kennen.

Auch Heliogabal kennt nicht mehr den ganzen Sinn der Schöpfungsmythen, die er vor den Augen der Römer wiederholt, um ihnen zu zeigen, was sie im Lauf ihrer Geschichte vergessen haben.

cher, magischer Reflex, der schwerfällige Bodensatz einer mächtigen Initiationstradition war, hat seine Wurzeln in den ältesten Erdriten, und diese Riten sind es, die Heliogabal mit seinem anarchischen, undisziplinierten, widersprüchlichen, gleichzeitig demütigen und autoritären Geist wiederzuerwecken versucht. Daß er es nicht geschafft hat, tut der unterirdischen Perfektion, dem Sublimen seines Versuchs keinen Abbruch.

Und da die Ideen im Grunde nur in ihrer Form zu beurteilen sind

Die unentwirrbare Verbindung der ursprünglichen Dualität, die am Anfang aller wirklichen Schöpfung steht.

Wo die Sexualität sich versteht als *ein* Teil eines prinzipiellen Doubles, wirkt sie formensprengend und regenerierend.

Das heißt, der Tod der Individualität

Heliogabal, der versucht, jeder Einfachheit, jeder Einheitlichkeit zu entfliehen, verliert sich in der Form von Riten, die wiederum auch nur äußere Zeichen, Doubles eines verlorenen Wissens sind.

Für den Leser ist die Figur des Heliogabal doppelt androgyn, eine Hieroglyphe, deren Geheimnis aufzuschließen ein Schlüssel nicht reicht: Double eines Mythos und Double der Grundfigur Artaudschen Denkens. Die Dinge sind nicht wie sie sind. Alles Schreiben ist Arbeit an einer Geografie des Unsichtbaren. Das Androgyne ist keine bloße Addition vom Männlichen und Weiblichen, es ist im Gegenteil die Darstellung ihres Unterschieds; nicht Abbild einer Idealität sondern bloßgelegte Struktur, Markierung eines Einschnitts.

Die Päderastenreligion Heliogabals ist nur deshalb abstoßend, weil ihr die Vorstellung ihrer Transzendenz verlorenging und sie dann absank in die Erotisierung der Schöpfung im Sexualakt.

alle diese Bilder sind falsch, sie sind nichts, aber sie versuchen, ihn glauben zu machen, daß sie etwas sind. Und Vorsicht, wenn er sich in ihnen erkennt!

Krieg Grausamkeit Pest Chaos Prinzipien Magie Metaphysik Schöpfung

Das Theater muß es dem Leben gleichtun, nicht dem individuellen Leben, dem individuellen Aspekt des Lebens, in dem die CHARAKTERE triumphieren, sondern einer Art befreites Leben, die die menschliche Individualität hinwegfegt und in der der Mensch nur noch ein Reflex ist.

Unser Theater, unsere Kunst, unsere Kultur ist so anämisch, weil sie den Weg zu den Ursprüngen vergessen hat. Weil in ihr der Körper keine Funktion hat, es sei denn als Instrument zum Ausdruck von Ideen. Die Sexualität und die ›strahlende Kraft der Obszönität‹ bringen in Erinnerung, was Kunst ist, wenn sie Leben ist: wenn sie mehr ist als Dargestelltes, Abgespiegeltes auf einer Bühne vor einem Publikum von Voyeuren.

Man muß sich in die Obszönität flüchten. Es bleibt der Poesie nur noch übrig, sich in die Obszönität zu flüchten.

Wie Obszönität funktionieren in Artauds Texten Wörter, die mit ihrem Pathos den an nivellierende Rationalität und Exzeßlosigkeit gewöhnten Ohren wehtun. Sie erzeugen Widerspruch, Aversion, Beleidigtsein. Sie sind Kraftwörter, Schreie, Flüche. Erst nach und nach versteht man im Kontext nicht etwa ihre volle Bedeutung, aber ihren strategischen Sinn.

Denn wie das Theater das Leben doubelt, so doubelt das Leben das wirkliche Theater, und das hat absolut nichts zu tun mit Oscar Wildes Ideen von Kunst. Doubles des Theaters, die ich im Verlauf der Jahre gefunden zu haben glaube: die Metaphysik, die Pest, die Grausam-

Nicht mißzuverstehen. Das Pathos seiner Wörter nimmt Artaud ernster als wir gemeinhin deren Bedeutung noch nehmen können. Was sie noch als geschriebene zu gesprochenen macht. Ihr Ton, ihr Klang hebt die Grenzen ihrer Definitionen auf.

Für Artaud sind die Namen, die Wörter, wie die Riten und Mythen Versteinerungen, Spuren von Geschichte, deren Sinn man wiederfinden kann, wenn man tief genug geht. Sie sind aktives Denkmittel, nicht bloß Sprachzeichen.

Ein Wort, das bedeutet Erledigung, den Exorzismus eines Gedankens, ein Wort jagt einen Gedanken und tötet den Gedanken, den es jagt, und der lebt draußen, aber in ihm ist er tot. Doch diese Negation stachelt den Forscher an, besser zu erforschen, was so negiert wurde.

Mich immer außerhalb der Wörter und der diskursiven Antwort stellen keit. Und das Double des Theaters ist das von den Menschen heute nicht gebraucht Reale.

Dreißig Völker haben den Reichtum dieses Namens geträumt, dessen Aussprache, wie eine Windrose, in allen Richtungen, die Bilder von dreißig Kräften entstehen läßt.
Die Namen, sowas sagt sich nicht oben, im Kopf, das bildet sich in den Lungen und steigt dann in den Kopf. Aber der Befehl vom Kopf wird Name erst in den Lungen.

Ein Text von Artaud öffnet sich nicht, wenn man ihn nur in horizontaler Richtung liest, der Flucht der Linien folgend, hastend von Bedeutung zu Bedeutung, als Mitteilung vom Schreiber zum Leser.

Die rationale grammatikalische moderne aktuelle Sprache ist viel zu approximativ mit ihrer Art, ein falsches Sujet klar zu erfassen, sie zwingt dazu, sich nur im Repertoire der klaren Dinge, das heißt der schon geklärten Dinge zu bewegen
statt jedesmal im Dunklen eine Unbekannte suchen zu gehen
der durch Anstrengung und Willen ihr klares Leben gegeben wird

Was ich tue ist das Klare fliehen um das Dunkle aufzuklären.

den Affen des Seins was zum Sein geben, ohne daß sie dafür gezahlt hätten

durch eine magische Operation die Materie ihres Gewebes hervorlocken

Eine Empfindsamkeit brauche man wie jemand, der sich die Haut abgeschürft hat. Sein wie Verurteilte, die vom Scheiterhaufen her die letzten Zeichen machen.

Das sind nur Bilder, das ist nicht die Realität, er muß kämpfen und nicht den Boden unter den Füßen verlieren, und er hat in sich Mittel, sich der ungeheuren Lüge bewußtzuwerden, die sich

Bei Artaud sind die Wörter wie Fallen, die vertikal vom Text auf seinen Kontext verweisen, auf sein Volumen. Aus einem Wort alle Konsequenzen ziehen, das ist, ihm seine bloße Zeichenfunktion nehmen, an seine Vielwertigkeit, an seine wirklichen Aktionsmöglichkeiten appellieren.

Die Sprache ist anders verwendbar denn als Umlauf gängiger Münze, als Repräsentation von schon abgezogenem Leben.

Lesen Sie im »Heliogabal«
das Konvulsivische, die Spasmen
die seismischen Geräusche
das Hallen, Dröhnen, Orakeln, das aus Gewölben dringt
das Zittern, Beben, Atmen, Vibrieren

Die Farben, die Gerüche im »Heliogabal« dienen nicht einer präziseren Evokation von Dingen, der Beschreibung. Sie *sind* die Gerüche, die Farben, ganz gegenstandslos. Menstruales Gelbrot, Safran, Purpur; das Schwarz der Betylen, die Milchbleiche des Monds, das Feuer der Sonne. Auch sie bilden einen Kontext zum anderen Text, zu den anderen Schichten, selbst aktiv, Abbildung hintertreibend.

um ihn herum entwickelt. Sich bewußtwerden verlangt eine Kraft, und der Tod ist eine Frage der Kraft.

Wenn wir nachgeben, sind wir verloren, wir verlieren die Realität. Es ist der Kampf, den das Bewußtsein und die Kraft führen, umgeben von den Lügen der Imagination.

Das beweist einfach, daß der Versuch zu spät kam, oder zu früh, und jedenfalls nicht in den angemessenen Formen. Das beweist auch, daß man einer Wahrheit nicht übers Prinzip Geltung verschaffen kann, wohl aber durch ihre Riten, und die Riten der Religion von Emesa hatten, das muß man zugeben, etwas Übertriebenes, etwas Theatralisches, in ihrer sexuellen Vergeudung, in ihrem Verspritzen von Blut etwas Maßloses, was sie den Römern der Zeit aufdringlich machte und widerlich.

Wir sind gewohnt, Neuerungen im Denken vor allem dann Gehör zu schenken, wenn sie von einer überzeugenden Theorie begleitet sind, die in unseren Augen allein in der Lage ist, sie von dem Makel bloßer Ideologie freizuwaschen. Die Chancen, die unter diesen Umständen ein Unternehmen hat, das gerade gegen eine der fundamentalen Kategorien der logischen Rede sich richtet, sind minimal. Unklar, irrational, das sind die mildesten Vorwürfe – barbarisch sagte man in der Antike. Wahnsinn, sagte man später. Gegen Artaud schützte sich die Normalität durch Internierung. Fast zwanzig Jahre ist er jetzt tot. Die Bereitschaft, ihn ganz zu akzeptieren, ist nicht erheblich gewachsen.

Seinem Verständnis etwas günstiger stehen die Zeichen heute schon. In mehrfacher Hinsicht. Die neueste Semiotik bemüht sich, anhand von Kulturtopologien Kulturen zu definieren, ausgehend von deren jeweiligem Verhältnis zum Zeichen, wodurch die Reflexion über unser eigenes erst möglich wird. Wie funktioniert ein Notierungssystem, das auf dem Ideogramm basiert. In dem das redende Subjekt nicht die Rolle spielt wie im westlichen rationalen Denken, in dem der Zeit und dem Raum vor der Entstehung der Bedeutung, die sich im Gesagten und Geschriebenen niederschlägt, mehr Aufmerksamkeit gewidmet wird als den Zeichen, den Formen selbst.

Die Artaud-Wörter, die Kraftwörter sind so zu lesen, vorinhaltlich. Sie sind Fanale, die die Oberfläche der geschlossenen Sprachstruktur durchschlagen, den Blick öffnen auf Prinzipielleres als den kontinuierlichen, logischen Zusammenhang, der zur ausschließlichen Matritze westlichen Denkens sich herausgebildet hat.

So wie wir Sprache und Schrift handhaben, in platter Zweidimensionalität, die sich spannt von der Idee zur Darstellung, bleibt der Bereich unberücksichtigt, aus dem sie sich regenerieren, aus dem Neues entsteht außerhalb des Zensurbereichs des Subjekts.
Artauds Kritik am westlichen Theater ist Kritik an der vom Zeichen regierten westlichen Sprache und dem Denken, das ebenfalls von ihm abhängt. Es ist Taktik, daß er es über das Theater tut, über eine Ausdrucksweise, die für die Rationalität ohne Prestige ist.

Mich immer außerhalb der diskursiven Antwort stellen.

Dieser Vorstellung von vergossenem Blut und materieller Umwandlung der Formen entspricht eine Vorstellung von Läuterung. Der Priester muß das so Gewonnene abtrennen von jeglichem

Sie haben nur Pufferfunktion und verweisen auf den Prozeß, auf die Entstehung, die den fixierten Bedeutungen voraufgeht.

Wer hat sich übrigens je von den Ideen eine konkrete Idee gemacht.
Wir tragen alle die Last, in Bildern zu denken.

Theater und Bühne sind für ihn wirkungsvollere Chiffren als Sprache, weil sie diskontinuierlicher sind, weil sie Raum und Körper sind, die dem Zeichen in der Ausschließlichkeit seiner Richtung vom Bezeichnenden zum Bezeichneten fehlen. Der Raum vor dem Zeichen tut sich auf in der schillernden Vielzahl des Bezeichnenden und in der Unsicherheit des Bezeichneten. Es zeigt sich, wie Bedeutung entsteht, die Arbeit wird sichtbar, die Produktivität.

Gefühl unmittelbarer und persönlicher Lust, daß der Ausbruch, die Explosion rasender Frenesie unbelastet von Materie zurückkehren kann in das Prinzip, aus dem es hervorgegangen ist.

Ich, Antonin Artaud, ich bin mein Sohn,
mein Vater, meine Mutter
und ich

Aus seiner Suche nach einer nicht-expressiven, nicht-bildlichen, anti-repräsentativen Ausdrucksweise, auch durch die Beschäftigung mit chinesischen Zeichensystemen fand er in den Zahlen eine Möglichkeit, die Grenzen zeichengeprägter Verbalität zu durchbrechen.

Diesen erschreckenden Einschnitt überschreiten, in dem alles, was ist, sich zusammenzieht und sich vollendet in dem, was nicht ist.

Das klingt vitalistisch – aber nur für den stotternden Leseanfänger, der sich von Bedeutung zu Bedeutung buchstabiert. Wenn man es vertikal liest, mit Marx im Kopf und Freud, dann rückt es an die »nichtsbesagende« Traumarbeit, deren Funktionieren unabhängig ist von den Wahrheitsansprüchen des Wachlebens, und an die Produktivität vor den Produkten.
Heliogabals Verschwendungssucht. »Heliogabals« Unnützlichkeit. Kein persönlicher Gewinn. Samenströme, die Rom empören, weil sie nicht auf Zeugung aus sind und Kapitalisation. Nur Annäherungen an einen unendlichen Terminus.

Sie sollten durch meine Bücher wissen, daß ich ein gewalttätiges und zorniges Wesen bin, voller schrecklicher innerer Stürme, die ich immer in Gedichte, in Malerei, in Inszenierungen und Schriften kanalisiert habe, denn sie sollten auch wissen, durch mein Leben, daß ich diese Stürme nie nach außen dringen lasse.

Die Zahlen, das heißt die Grade der Vibration

Nichts existiert, es sei denn als Funktion

Zahlen sind für ihn Markierungen, die räumlich-szenische Konfigurationen ermöglichen, statt bloßer Widerspiegelung von Realität. Die Einheit,

Ein Wort gibt es, eine Sache, die sich gehalten hat
ein Wert, der sich nicht verschoben hat der gegen absolut alles seinen antiken Vorrang bewahrt hat
es ist das Wort und die Sache Geist
der Wert, der am Geist hängt
der Wert der Sache Geist

wenn ich Claudel die Geister vom Anfang des Jahrhunderts zur Hilfe rufen sehe,
da kann ich mir noch ein Lächeln gestatten, aber
wenn ich bei Karl Marx oder Lenin das Wort Geist sehe
als den alten unveränderlichen Wert, die Beschwörung der ewigen Entität
auf die man die Dinge beziehen muß
dann sag ich mir, das ist doch Fickerei und Scheißdreck und Gott hat Lenin am Hintern gelutscht
und genauso ist es schon immer gelaufen
und es lohnt die Mühe nicht weiterzumachen
egal, da bleibt eine verfluchte Rechnung zu begleichen.

die das spiegelnde Zeichen simuliert, wird aufgelöst in eine Vielfalt von Punkten. Nur wird auch die Zahl nicht zur Lösung. Artaud versteht sie als Double. Double der expressiven Sprache. In ihren Zwischenräumen spielt sich ab, was seiner Vorstellung von Theater entspricht.
Seine Formeln, seine Postulate sind so abrupt, so herrisch, um ihre Vieldimensionalität zu demonstrieren und ihr Mißtrauen gegenüber dem Erfassen ihres Gegenstands durch geduldige Demonstration, die wieder nur der Zerstörung des Zeichens entgegenarbeiten würde. Seine Forderungen gehen nicht nur auf ein paar Freiheiten der poetischen Sprache, er rüttelt an der Basis der informativen, der kommunikativen Sprache, die die wissenschaftliche Sprache mit in sich schließt.

Eine materialistische Schreibweise finden, die sich vom idealismusgeprägten Zeichen löst, die die Erkenntnis von der Priorität der Produktivität vorm Produkt vom ökonomischen auf den symbolischen Bereich ausdehnt, der die Grund-

Was die Heiden von uns unterscheidet, ist, daß am Anfang ihrer Religionen eine unheimliche Anstrengung steht, nicht als Menschen zu denken, um den Kontakt mit der ganzen Schöpfung zu wahren.

Je älter ein Kult sei, desto schrecklichere Bilder mache er sich von seinen Göttern. Schrecklich heißt unmenschlich: Grausamkeit, Pest, Krieg. Komplettere Sprachzeichen, den Ideogrammen ähnlich. Da »entspricht das Wort weder einem Konzept noch einem einfachen Zeichen. Es ist kein abstraktes Zeichen, das man mit Hilfe grammatikalischer oder syntaktischer Kunstgriffe lebendig macht. In seiner starren, monosyllabischen Form, in seiner Neutralität behält es die ganze imperative Energie des Akts, dessen lautliche Entsprechung, dessen Emblem es ist.« Szenisch statt linear.

Von einer Frau zur anderen, von einem Kutscher zum anderen
von Farben zu Steinen zu Kleidern zu Festen zu Geschmeiden

lage unseres Denkens bildet. Eine Sprache, die mit der darstellbaren Realität auch die nicht darstellbare erfaßt, ohne einheitliche Struktur, aus Blöcken, aus Relationen und Funktionen, die in Annäherungen fortschreitet, eine Totalität nie erreicht. Wohl aber das Erreichte bis zur totalen Auflösung massakriert.

Der Humanismus der Renaissance war nicht eine Vergrößerung sondern eine Verkleinerung des Menschen, denn von da an hört der Mensch auf, sich bis zur Natur zu erheben und reduzierte die Natur auf seine Größe.

Für Lampridius: Inkonsequenz, ein geborener Päderast, der mit Frauen schläft.
Für Artaud: Der weiß genau, worauf er hinaus-will. Beweis seiner faszinierenden, doppelten, androgynen Natur. Ein Drehbild nennt er Heliogabal. Vor solch einem Bild verliert auch der Zuschauer seinen angestammten Platz. Er muß sich bewegen in der Geschichte. Raum in seine Lektüre legen. Rotieren.

von Form zu Form, von Glanz zu Glanz, von Feuer zu Feuer, als ob er von Seele zu Seele eilte

Antonin Artaud

Die Tarahumaras

Revolutionäre Botschaften

Aus dem Französischen von Brigitte Weidmann
Mit einem Exkurs von Stephan Broser

330 Seiten

Auf der Suche nach einem erweiterten, nicht auf Europa beschränkten Denken ging der Dichter Antonin Artaud nach Mexiko und lebte mehrere Monate in der Sierra Madre bei dem Indianerstamm der Tarahumaras.

Die Tarahumaras sind ein Uto-Aztekisch sprechender Stamm. Sie selbst nennen sich rarámuri, die die zu Fuß laufen. Sie leben von Mais, Bohnen und Kürbis. Diese Indianer überlebten, weil das Hochland abgelegen war und für die Spanier wenig geeignet.

Artaud hat am Peyotl-Kult der Tarahumaras teilgenommen. Statt der distanzierten Haltung eines Wissenschaftlers bringt Artaud, ohne Rückhalt, sich selber ins Spiel. »... bei Artaud löst sich die ganze diskursive Sprache in der Gewalt des Körpers und des Schreis auf, das Denken verläßt die geschwätzige Innerlichkeit des Bewußtseins und wird materielle Energie, Leiden des Fleisches, Verfolgung und Zerreißung des Subjekts«.
(Michel Foucault)